あなたの知らないビートルズ

—The Beatles you don't know—

和田晋司
WADA SHINJI

幻冬舎MC

あなたの知らないビートルズ

The Beatles you don't know

はじめに

この本は、「ビートルズは知っているけどあまり詳しくはない」という方にはビートルズについて分かりやすく解説し、また、ビートルズをよく知っているファンの方には、コアなファンでも意外にご存じない情報を提供するために書きました。ですから、これまでのビートルズに関する類書とは趣向を変えています。読んでいただいて「へえ～、そうだったのか！」「これは初耳だ！」と思っていただける話題がいくつもあると自負しております。

ビートルズは、イギリス出身のロックバンドで、1962年10月5日にシングル『ラヴ・ミー・ドゥ』をリリースしてデビューしました。1970年4月10日、ポール・マッカートニーが脱退を発表して事実上解散するまで、世界中の人々を虜《とりこ》にし続けました。

メンバーは、ジョン・レノン（ヴォーカル、リズムギター）、ポール・マッカートニー（ヴォーカル、ベース）、ジョージ・ハリスン（ヴォーカル、リードギター）、リンゴ・スター（ドラム）の4人です。彼らは、全員イギリスの港町であるリヴァプールで生まれました。彼らは、デビューすると瞬く間に世界中の若者たちを熱狂させ、レコードは次々と大ヒットし、音楽だけでなく文化にも多大な影響を与えたのです。

ビートルズは、音楽で世界を変えました。エンタメにとどまらず、文化や社会のあり方まで根底から変えたのです。若者は、古い価値観を押し付ける大人に反抗し、髪を伸ばして自己主張し、自由、愛と平和を主張しました。ビートルズは、音楽が世界を変えられることを証明したのです。すでにボブ・ディランは音楽に社会に対するメッセージ性を込めていましたが、ビートルズは、それをさらに強力に推進したのです。

世界中の若者たちが彼らの影響を受け、その中にはプロミュージシャンになった人も大勢います。彼らは、音楽理論にとらわれず、好きなように作曲できることを学んだのです。

ローリング・ストーンズ、エルトン・ジョン、ピンク・フロイド、デヴィッド・ボウイ、ザ・ビーチ・ボーイズ、グリーン・デイ、U2、ディープ・パープル、クイーン、ビリー・ジョエル、ブルース・スプリングスティーン、エド・シーラン、レディー・ガガ、マイケル・ジャクソンなど。日本では、吉田拓郎、小田和正、桑田佳祐、矢沢永吉、奥田民生、松任谷由実、井上陽水、斉藤和義、松本隆…。数え上げたらキリがありません。

解散から半世紀以上が経過しているにもかかわらず、いまだに彼らの楽曲は世界中で多くの人々に愛されています。「ビートルズの曲は聴いたことがない」という方も「オブ・ラ・ディ、オブ・ラ・ダ」などの有名な曲を聴けば、「ああ、これなら聴いたことがある」と思い当たるはずです。もはや「ポピュラー界のクラシック」ともいうべき存在となっています。

若い著名人の中にもビートルズファンを公言している有名人はたくさんいます。日本なら井口理、あいみょん、藤原さくら、二階堂ふみ、市川紗椰、水卜麻美。海外ならビリー・アイリッシュ、テイラー・スウィフト、アヴリル・ラヴィーン、レディー・ガガなどがファンです。

ポピュラー音楽は「流行」という厳しい宿命があり、大ヒットしてチャート1位を獲得しても、多くの曲が時間の経過とともに人々の記憶から忘れ去られ「そういえば、そんな曲があったな」といった程度になってしまいます。しかし、ビートルズは、今なお多くの人々に愛されています。

2019年10月4日、アルバム「アビイ・ロード」の50周年記念ヴァージョンが、全英アルバムチャートで1位を獲得しました。音源は元のままでリミックスされただけです。「同じアーティストがリリースした同名のアルバムが49年252日ぶりにチャート1位に返り咲いた」というとんでもない記録です。それまでの最長記録は、これまたビートルズ自身が持っていた「サージェント・ペパーズ・ロンリー・ハーツ・クラブ・バンド」の49年125日でした。ビートルズを知らない世代の人たちも購入したということですね。

ビートルズをあまりご存じない方は「ビートルズの音楽はすごいっていうけど、何がそんなにすごいの？」と疑問を持つかもしれません。ビートルズは、マイケル・ジャクソンのようなキャッチーなダンス・パフォーマンスがなく、彼らが普及に一役買ったミュージック・ビデオがまだあまり用いられていなかった時代なので、映像が少なくどうしても楽曲を聴くことがメインになります。観るだけで目に留まりやすいダンスと異なり、あえて聴こうとしない限り触れる機会は少ないですから。

実際には世界中のアーティストにカヴァーされていたり、BGMやサンプリング、効果音として使用されたりしているので、皆さんが聴いている機会は多いのです。しかし、「これビートルズの曲だよ」と教えられない限りは分からないので、気付かずにスルーしているんですね。

ビートルズが世界中でこれだけ人気を保ち続けている秘密は何でしょうか？

(1) メロディーがキャッチーで時代を感じさせない

メロディーがとてもキャッチーで、ちょっと聴いただけで良い曲だとすぐに分かります。何度聴いても美しいメロディーラインや、ノリノリで思わず気分が上がる曲などがたくさんあります。時代を感じさせず現代人の心も揺さぶります。

(2) ポピュラー性と芸術性を兼ね備えている

音楽は、エンターテインメントですから、広く一般のリスナーに愛されるポピュラー性が必要ですが、これだけだと時間の経過とともに忘れ去られてしまいます。そこで必要なのが芸術性です。

これは、時代を超えた普遍的なものであり、いつの時代でも人々を感動させます。ビートルズの楽曲は、両者を兼ね備えています。

(3) 2人の天才コンポーザーの存在

ビートルズにはジョン・レノンとポール・マッカートニーという2人の天才コンポーザーがいました。2人は、時には協力し、時には競い合い、それまでの常識にとらわれない名曲を次々と誕生させました。

ジョンは芸術性の高い曲、ポールは誰にも親しまれる曲とそれぞれ得意分野が違ったことも、ビートルズの楽曲をヴァラエティー豊かなものにしました。さらに、後期になるとジョージ・ハリスンも加わり多士済々となったのです。

(4) ルール無視のコード進行

コード（和音）の進行には定番のパターンがあります。それを踏襲するとありきたりになりがちですが、ビートルズは、定番のコード進行を無視したユニークな曲を数多く作りました。

例えば「ヘルプ！」では、Aメロでコードが「A→C#→F#→D→G→A」と進行しますが、大胆かつユニークながら実にエレガントな進行です。一般的には「A→Cm→F#m→B→E→A」と進行させるところです。伝統的な音楽理論に忠実に従っていたら、絶対に誕生しなかった曲です。

(5) 1曲が短い

ビートルズの前期の楽曲は、3分以内で終わる短いものばかりです。1960年代前半は、ラジオ局の方針により3分以内に曲を終えることが必要でした。ビートルズは、曲を素早く展開させ、リスナーを一気に虜にすることに成功したのです。

(6) いきなりサビから入る

現代のJ-POPでもよく使われるテクニックですが、いきなりサビから入ってリスナーのハートをつかんでしまいます。「キャント・バイ・ミー・ラヴ」などがその典型です。

(7) ジャンルにとらわれない

ビートルズの楽曲は、ロックが中心ですが、それにとどまらずクラシックのような美しいバラード、様々な編集を加えた実験的な音楽、子どもでも歌える楽しい曲、ハードロックなど同じアーティストとは思えないほど幅広いジャンルをカヴァーしました。

(8) 数々の実験を成功させた

ビートルズは、数々の斬新な実験を試み、成功させました。例えば、「ア・デイ・イン・ザ・ライフ」では、間奏で突然オーケストラが最低音から最高音まで、即興に近い演奏をしています。そのまま異なるメロディーに移行し、また最初のメロディーに戻ります。リスナーは、ジェットコースターに乗った時のように振り回されっぱなしです。

(9) 聴く機会が多い

オリジナルがそのまま使われることはもちろん、世界中のアーティストがカヴァーしています。また、SE（サウンドエフェクト。CM・映画・演劇・ドラマ・アニメ・ゲーム・アプリ・動画等において、演出の一環として付け加えられる効果音）にも盛んに使われているので、誰もが意識しないうちに耳にしています。学校の音楽の教科書にも採用されています。

まずは、とっつきやすい次の曲を聴いてみてください。
「ヒア・カムズ・ザ・サン」「レット・イット・ビー」「ヘイ・ジュード」「カム・トゥゲザー」「イエスタデイ」「アイ・ウォント・トゥ・ホールド・ユア・ハンド（抱きしめたい）」「ツイスト・アンド・シャウト」「ブラック・バード」「ヘルプ！」「イン・マイ・ライフ」

なぜこれらの曲を選んだのかというと、2022年10月14日時点で最もストリーミングされている曲だからです。

上に挙げた10曲を聴いてもらえば分かる通り、あれこれ面倒な理屈をつけなくてもいい曲だということが誰にでも分かります。人間の耳にとって心地よい音をメロディーとコード、歌詞とアレンジで構成したものが音楽です。ビートルズは、いつの時代にも変わらない人間の音楽的感性を共感させるツボを心得ていました。

多くの日本人の場合、英語の歌詞を聴き取って、その意味を理解するのはなかなか難しいと思います。しかし、歌詞は分からなくても演奏だけで気持ちが揺さぶられます。もちろん、歌詞を理解するともっと理解が深まります。

　では、なぜ、彼らの曲が時代を超えて愛され続けるのでしょうか？　この本ではその秘密を探っていきたいと思います。

Contents

第4章　ビートルズの裏話あれこれ

第5章　アイドルからアーティストへ、そして解散

第6章　その後のビートルたち

第1章

ビートルズがビートルズになる前

Before The Beatles became The Beatles

1　プロデビューは
ロンドンでもリヴァプールでもなかった

ソロ歌手のバックバンドがプロとしての初仕事

　ビートルズは、イギリス出身のバンドですから、ロンドンを中心に活動していました。しかし、メジャーデビュー前の下積み時代には、イギリスの北西部にあるリヴァプールという港町にあるキャヴァーン・クラブのレギュラーバンドとして演奏していたので、そこでプロデビューしたと思われがちです。しかし、実は、彼らがプロとしてデビューしたのはイギリス最北部のスコットランドだったのです。ロンドンから最も遠いフレイザーバラという街はロンドンから約1000km、日本なら東京から根室までの距離で、彼らは、そんな遠い地方でデビューしました。

　新人歌手のジョニー・ジェントルが1960年5月20日から28日まで、スコットランドの7都市で7回公演することになったのですが、ビートルズは、そのバックバンドとして初めてステージに立ち、彼らのプロ・ミュージシャンとしてのキャリアがスタートしました。

　ギャラは、1人につき18ポンド（現在の貨幣価値にすると9万円程度）、それとガソリン代が支給されただけです。それでも、貧しい彼らにとっては夢のような話でした。

　しかし、ことはそう簡単ではなく、大きな壁が彼らの前に立ち塞がりました。当時まだ学生だった彼らは、遠いスコットランドへ行くために9日間も学業を休まなければならず、家族を説得する必要がありました。参加を決断する5月18日と19日の2日間は、ジョン・レノン、ポール・マッカートニー、ジョージ・ハリスン、スチュアート・サトクリフ（当時のベーシスト）、トミー・ムーア（当時のドラマー）の5人のビートル（メンバー一人一人を指す時はこう呼ぶのがお約束です）たちにとって、大きな人生の岐路となりました。

ジョンは、在籍していたアートカレッジは欠席して、スコットランドへ行くことをすぐに決めました。もっとも、同居していた伯母のミミには、何も言いませんでした。言えば猛反対されることが分かっていたからです。

ジョンと同じカレッジに通っていたスチュアートは、正直に両親に打ち明けましたが、当然のことながら猛反対されました。しかし、彼もスコットランド行きを決断したのです。

高校生だったポールは、父親に反対されましたが、彼には青年に成長した息子を止める力はもはやありませんでした。

ジョージは、電気工の見習いとして働いていましたが、兄に「兄ちゃんがオレだったらどうする？」と尋ねました。兄だけは「面白いかもしれない」と賛成してくれました。他の家族は猛反対でしたが、彼もスコットランド行きを決断しました。

ドラマーのトミー・ムーアは、本業を9日間も休みましたが、妻にはバカじゃないのと呆《あき》れられました。

主役を食ったビートルズ

ビートルズは、リハーサルをほとんどすることもなく、しかも、ジェントルがどんな曲を歌うかさえ知らなかったのです。バラードが得意な歌手で、ビートルズが得意とするロックンロールではありませんでした。

そんな彼らでしたが、目ざとい地元の女の子たちからサインを求められ、プロとして初めてサインしたのです。面白いのは、全員が芸名を名乗っていたことです。

ジェントルは、テレビにも出演していてそれなりに知名度はありました。しかし、彼の前座として登場したビートルズが、すっかり彼から主役の座を奪い取ってしまったのです。1960年5月23日、フレイザーバラにあるダルリンプル・ホールでのショーでした。

彼らは、20分間で「ブルー・スエード・シューズ」「ロング・トール・サリー（のっぽのサリー）」などのスタンダードなロックンロールを演奏しました。演奏の実力はまだまだでしたが、ジョンの野性味にあふれた歌声とポールのハイトーン・ヴォイスが女の子たちを魅了したのでしょう。

彼らがショーを終えてダンスホールを出ようとすると、殺到した女の子たちからもみくちゃにされ、追いかけられながら道を走って逃げ、ジェントルの女性ファンが用意してくれていた車に乗り込むことができました。ビートルズの初主演映画「ア・ハード・デイズ・ナイト」で彼らがファンの群衆から逃げ回るシーンのリハーサルを4年前にここでやったというわけです。

翌日、ビートルズがスコットランドの海岸でのんびりしていると、2人の女の子が彼らに気付いて話しかけてきました。ジョンは、女の子たちにもみくちゃにされて着ていたシャツが破けてしまった、お金がないからロクに食事もしていないと話しました。彼女たちは、その話を聞くとすぐさま自宅に戻り、破れたシャツを縫い合わせてくれただけでなく、パンにバターとジャムを塗って半分に切り、彼らに渡してくれました。

ビートルズがロンドンから遥かに離れたスコットランドでプロデビューしたと聞くと、意外に思う読者が多いと思います。乏しいギャラで食うや食わずの過酷なツアーでしたが、街の人々は、とても温かく彼らを受け入れてくれ、初めてサインを求められ、ファンの女の子たちに追いかけられるという嬉しい体験もしました。

スコットランドは、迷っていたビートルズにプロになるという決意をさせた重要な場所です。そして、スコットランドの人々は、今でも彼らがプロデビューした聖地であることに誇りを持っています。そういう意味で意外性と重要性のあるエピソードだと思います。

リヴァプールで活動を再開

スコットランドツアーは、ビートルズのプロとしてのデビューではありましたが、それはあくまでもバックバンドとしてでした。ですから、彼らが単独でデビューしたという意味においては、リヴァプールに帰った1960年5月30日、ジャカランダ・コーヒーバーで行われたショーが最初ということになります。

もっともこの頃、彼らは、シルヴァー・ビートルズと名乗っていました。彼らのバンド名はころころ変わっていて、ビートルズに落ち着いたのはもう少し後のことです。彼らは、マージーサイドのウィラル半島にあるネストンの町の、ヒンダートン・ロードを本拠地とするネストン女性友好協会のホールで、1960年6月2日から木曜日のナイト・ショーを6回連続で行いました。

協会に所属している女性メンバーはもちろん、そうでない女性でも、受付で1シリングを支払って午後9時までダンスすることを許可されました。本当はキャス・アンド・カサノヴァズが出演する予定でしたが、彼らがキャンセルしたので代わりにやってきたのがシルヴァー・ビートルズでした。

女の子たちは、自分たちが知っているカサノヴァズが来ず、聞いたこともないシルヴァー・ビートルズなんてバンドが来ると知って初めはガッカリしたようですが、結果的には、その方がずっとよかったんですね。

「The Beatles」というバンド名が初めて記事になった！

当時の地元紙は、「'ROCK' NIGHT IS THURSDAY」と題して「the Silver Beetles」という名のバンドが、イギリス北東部のマージーサイドで長らく待ち望まれていたロックバンドとしてデビューするという記事を掲載しました。おそらく、ビートルズの名前が新聞の紙面を飾ったのは、これが初めてでしょう。

同じ新聞は、ショーのレヴューを掲載しました。5人の力強いグループがマージーサイドのホールを満杯にしたとあります。面白いのがリーダーのジョン・レノンとドラマーのトミー・ムーア以外は、ポール・ラモーン、カール・ハリスン、スチュアート・ド・スタールと芸名で紹介されていたことです。そうです、彼らは、この頃芸名を名乗っていたのです。それは、当時のサインが残されていることでも証明されています。

この15年後の1975年にこのレヴューのコピーをもらったジョンは、「おそらく、これがビートルズに関する最初のレヴューだろう」と後々まで嬉しそうに周囲の人々に語っていました。実際、これがビートルズの演奏に関する最初のレヴューだったのです。写真もないベタ記事扱いでしたが、彼らが初めて公の出版物に掲載されたということで重要な意義があります。

また、ビートルズが、この時点ですでに小さなホールとはいえ、そこを満杯にするだけの観客を集めたということは注目に値します。彼ら自身が認めているように、この頃の彼らの実力はまだまだでした。しかし、スコットランドの時と同様に、もうすでにティーンエイジャーの女の子たちのハートをガッチリつかんでいたのです。

2 「The Beatles」というバンド名

ダブル・ミーニング（二重の意味）

ビートルズ…今や世界中の誰もが知っている名前です。しかし、これは彼らが作った造語です。

ビートルズは、二重の意味を持つ言葉をバンド名にしたいと考え、選んだのがbeetle（ビートル）というカブトムシなどの甲虫類の名前です。それだけだと二重の意味にならないので、スペルをbeatleに変えたんです。甲虫と音楽のbeat（ビート）をかけたわけです。なかなかシャレています。

バンド名でも革命を起こした

ビートルズは、バンド名のあり方でも革命を起こしました。それまでのバンド名は「ビル・ヘイリー・アンド・ヒズ・コメッツ」のように、メンバーの一人をメインにして、それ以外は彼のバックバンドというスタイルが多かったのです。

そうするとどうしても、一人のメンバーにスポットが当てられ、人気も集中する傾向にありました。しかし、ビートルズは、それを嫌い、メンバー全員が対等であることを示すために、メンバーの名前をバンド名に使うことを避けました。

そのため、ビートルズは、メンバー全員にファンがそれぞれ付くという理想的なスタイルが出来上がったのです。最も顕著な例は、ドラマーのリンゴ・スターでした。彼は、ステージによっては他のメンバーより高い位置にキットが設置され、ちゃんと顔が見えるようになったのです。ユーモアのセンスもあった彼は、アイドル時代は一番人気がありました。

THE BEATLESのロゴ

THE BEATLESのロゴは、「ドロップーT」と呼ばれています。Tの縦棒が下に長く伸びて、落っこちているように見えるのでこう呼ばれています。ちょっとしたアクセントですが、これもなかなかシャレています。

意外なことにこれは、ビートルズではなく、ドラム専門店の店主であるアイヴァー・アービターが考えたのです。リンゴがドラムキットを購入した時に、同行したマネージャーのブライアン・エプスタインがバスドラム（一番大きなドラム）の客席側から見えるスキンに、大きく目立つようにビートルズのロゴを入れてくれと依頼しました。彼は、2種類のロゴの下書きを渡し、「BEAT」の文字を強調してくれと注文を付けました。

アービターは、Bの字を拡大し、Tの縦棒を下に長く伸ばした文字で「beat」という言葉を強調しました。残りの文字は左右対称にして高さを同じに合わせました。

これは、少しでもバンド名を目立たせてPRしようとするブライアンの戦略でした。その効果は抜群で、彼らが演奏している姿を見た人は、彼らのことを知らなくても、バンド名がビートルズだとすぐに分かったのです。リンゴが新しいドラムキットを購入するたびに少しずつデザインは変わりましたが、基本的には最初のものとそう大きくは変わりませんでした。

3 ドラマーを探せ！

「悩みの種」だったドラマー

ビートルズにとってドラマーは「悩みの種」でした。アマチュア時代からドラマーがなかなか見つからず、プロになってからもメンバーとして定着しなかったのです。

その理由はいろいろありますが、一つには彼らが労働者階級出身で家が貧しかったことです。ドラムキットは当時で20ポンド、現在の貨幣価値に換算すると10万円ほどでしたが、貧しい彼らにはとても手が出ませんでした。

もう一つは、ドラマーになりたがる少年たちが少なかったことです。リンゴ・スターが登場して以来、ドラマーが脚光を浴びるようになりましたが、それまではバンドの中でも一番後ろでキットで顔が見えない地味な存在でした。ロック少年たちが憧れたのは、目立つメインヴォーカルやギタリストでした。

12人もいた歴代ドラマーたち

では、歴代のドラマー12人を挙げてみます。

(1) アマチュア時代

①コリン・ハントン 1956年〜1958年

②ピート・ショットン 1957年8月24日

③マイク・マッカートニー 1958年11月

(2) プロ時代

④トミー・ムーア 1960年5月10日〜6月13日

⑤ジョニー・ハッチンスン 1960年5月10日、1962年8月16日

⑥クリフ・ロバーツ 1960年5月14日

⑦ポール・マッカートニー 1960年6月16日〜20日、1968年8月22日、23日

⑧ロニー・ザ・「テッド」1960年6月11日

⑨ジャッキー・ロマックス 1960年6月11日、18日

⑩ノーマン・チャップマン 1960年6月〜8月

⑪ピート・ベスト 1960年8月15日〜1962年8月15日

⑫リンゴ・スター 1960年8月15日、1961年12月27日、1962年2月5日、1962年5月26日、1962年8月18日〜1970年4月9日

この内、メンバーとして正規のドラマーとなったのは、④トミー・ムーア⑩ノーマン・チャップマン⑪ピート・ベスト⑫リンゴ・スターの4人だけです。この中で、あまり知られていないムーアとチャップマンについて詳しくお伝えしましょう。

トミー・ムーア

ビートルズは、プロになるためのオーディションを受けようとしていましたが、ドラマーがいませんでした。そこで、初代マネージャーのアラン・ウィリアムズが見つけてきたのがトミー・ムーアです。

彼は、工場でフォークリフトの運転手として勤務するかたわら、パートタイムでプロのジャズドラマーとして働いていました。プロとしてのステージ経験はそれなりに積んでいたので、その当時の彼の腕は、ビートルズのメンバーより上でした。ビートルズは、ドラマーがいないため、そもそも人前で演奏すること自体ができず、バンドとしての存続の危機にさえありました。

ただ、ムーアをメンバーに加えるのは、そう簡単なことではありませんでした。というのも、彼は、工場で地道に働いていた労働者で、あくまでもドラマーは副業にすぎなかったのです。しかも、年齢もビートルズよりずっと年上の29歳で、いまさら、青二才の学生バンドと組んでオーディションを受けようなどという気はなかったのです。どうにかこうにかウィリアムズが彼を説得して、何とかオーディションを受けることを引き受けてくれました。

こうして、彼は、ビートルズがプロとなって最初のドラマーとなり、ツアーやライヴに出演しました。音源が残されていないので確認はできないのですが、腕は、かなりなものだったようです。ジョージが後に「我々が出会った中で最高のドラマーだった」と述懐したのです。それを聞いてリンゴは、とても嫉妬しました。

しかし、ムーアは、ある日突然脱退してしまいました。「いつまでも子どものお遊びに付き合っていられない」という理由です。

無理もないですね。仮にローカルバンドとして売れたとしても、それで一生食える保証はありません。それなら地道に働いた方がいいと判断したのです。

後年、彼は、脱退したことを後悔していると語りました。まさか、彼らがあんなスーパースターになるなんて予想もしなかったのです。

ノーマン・チャップマン

ムーアに脱退されたビートルズは、また一からドラマーを探さなければなりませんでした。ある夜、ビートルズとウィリアムズが街中を歩いていると、どこからかドラムを叩く音が聴こえてきたのです。

その音が聴こえてくる建物の2階に向かってウィリアムズが大声で呼びかけました。すると、男が窓からヒョイと顔を出したのです。その男がノーマン・チャップマンです。

彼も会社員で、ドラムは、趣味として叩いていたのです。ポールがメンバーに加わってくれるよう交渉し、チャップマンも受け入れました。いやはや、こんな偶然があるんですね。

彼もアマチュアながら相当な腕があり、すぐにメンバーに溶け込んで早くもバンドの一員となり、クラブでの演奏に参加しました。

やれやれ、これでやっとドラマーを確保できたとビートルズが安心した途端、予想もしなかった不幸が彼らを襲いました。

なんとチャップマンが徴兵されてしまったのです！　彼は、ケニアとクウェートで2年間兵役を務めることになりました。イギリスの徴兵制ももう終わりかけの時期だったんですが、最悪のタイミングに当たってしまったのです。

兵役は2年間でしたが、帰国したのはいつだったか正確には分かりません。しかし、もし、それが1962年7月だったとしたら、ピート・ベストが解雇されたのが8月ですから、ギリギリで間に合ったことになります。その時に彼が急いでブライアン・エプスタインのオフィスを訪れていれば、彼がビートルズのドラマーとしてメジャーデビューしていたかもしれません。彼がそうしなかったのは、彼にその気がなかったからです。

ムーアがビートルズを脱退したことを後悔したのに対し、チャップマンは、ビートルズになれなかったことに何の未練もありませんでした。これは強がりでも何でもなく、本当にその気がなかったのです。

4 ビートルズはキーボードを加えた5人でメジャーデビューしていたかもしれない

ロイ・ヤングとは何者なのか？

「ロイ・ヤング」…もし、あなたがこの名前を知っているとしたら、1960年代の洋楽に相当詳しい方ですね。かなりのビートルズ・ファンですら、彼の名前を知っている人は少ないと思いますが、実は、彼は、ビートルズの一員になっていた可能性が最も高かった人物なのです。つまりビートルズは、おなじみの4人ではなく5人でデビューしていた可能性があったのです。

彼は、ピアノの演奏に優れていただけでなくヴォーカルも巧みで、その上、作詞作曲の能力にも優れており、ビートルズは、メジャーデビューするに当たり、彼をメンバーに加入するようスカウトしていたからです。

ジョンとポールの2人は、後にキーボードも担当するようになりましたが、デビュー当時は、ギター、ベースとヴォーカルがメインでした。ヤングは、ビートルズと同じイギリス出身で、ハンブルクのクラブで一緒にライヴを演奏していたのです。

ヤングは、1934年10月20日、ロンドンのタワー・ハムレット自治区で生まれましたが、彼が7歳の時に家族はオックスフォードへ移住しました。メンバーの中で最年長のリンゴ・スターは、1940年7月7日生まれなので彼よりもだいぶ年上ですね。

彼は、ロックンローラーのリトル・リチャードに憧れ、1958年のテレビ・オーディションでピアノでリチャードの「Long Tall Sally」を演奏し、プロデューサーの目に留まりました。彼は、「Drumbeat」という音楽番組のレギュラーミュージシャンとなり、すぐに成功しました。

彼は、1959年に「Big Fat Mama」というリチャードを彷彿《ほうふつ》とさせるオリジナル曲をリリースしたほど優秀なシンガーソングライターだったのですが、ヒットするには至りませんでした。この頃のイギリスのポピュラー・ミュージック界は、みんなアメリカを向いていて、イギリス人のロックンローラーが活躍できる状況ではなかったのでしょう。

ヤングは、歌手のアダム・フェイスと仲良くなり、彼の持ち歌である「What Do You Want？」という曲の歌い方に対してアドヴァイスしました。そのおかげもあり、この曲は、フェイスにとって初めてとなるチャートNo.1を獲得しました。

ビートルズは、1960年からドイツのハンブルクを巡業で度々訪れていましたが、1961年、ヤングもビートルズと同じ時期に巡業しました。そこで彼らと出会い、お互いに優れたミュージシャンであると認め合い、それぞれ違うバンドではあったものの、よく一緒に演奏していました。

ビートルズからのスカウトを断った！

ビートルズは、マネージャーのブライアン・エプスタインを通して、ヤングにメンバーとして加入するようスカウトしました。

ヤング自身は、当時を回想してこう語っています。「ハンブルクのスター・クラブは、1962年4月13日にビートルズのデビューとともにオープンした。私はクラブのレギュラー・ピアニストだった」

「私は、ビート・ブラザーズ（当時のビートルズの別称でレコードにクレジットされた）、つまり、トニー・シェリダンが率いていたバンドに参加し、その時、ロリーストームにいたリンゴと一緒に演奏した。ビートルズは、私の演奏スタイルをとても気に入って、いつも私と一緒にプレイしてくれた」

「ある夜、ビートルズのパフォーマンスが終わった後で、ブライアン・エプスタインは、『ねえ、ロイ、ビートルズがイギリスへ戻って、彼らと一緒にレコーディング契約にサインしてほしいと言っているんだ』と言って私に近づいてきた。私はちょっと驚いたが、考えてみると返事した」

しかし、ヤングは、この申し出を断ってしまいました。「私は、丁重に彼の申し出を断り『ねえ、ブライアン、僕は、家も車も持っていて、非常に良いギャラをもらっているし、ありがたいことにスター・クラブと3年契約を結んでいるんだ。僕の生活は保障されているんだよ。僕があなたと一緒にビートルズに参加することで得られるものが何かあるのかい？』。そう言って私は笑った。でも、やがて私は、とんでもない大魚を逃したことに気が付くことになった」

「私は、ハンブルクに住み慣れていて離れたくなかったんだ。私は、ブライアンにノーと返事したが、彼のオファーには感謝した。彼らは、地球上で最高の音楽的存在になったが、私は家族を持たず、今日という日を大切に生きているので、後悔してないよ」

おそらく、これは強がりでも何でもなく、彼の本音だと思います。彼は、ビートルズから十分な実力を認められながら、彼らからのオファーを断ったのです。「5人目のビートル」が消えた瞬間でした。

もし、ヤングがビートルズのメンバーになっていたら？

もし、彼がビートルズからのオファーを受けていれば、ビートルズの一員としてデビューし、キーボードを担当したでしょう。そうすると、必然的にビートルズのサウンドは、デビュー当時からキーボードが加わることになり、かなり違うものになった可能性が高いと思います。

しかも、彼は、ピアノに加えヴォーカルもでき、作曲もできましたから、「レノン＝マッカートニー＝ヤング」というクレジットが誕生したかもしれません。歴史に「たられば」はありませんが、そう思うといかにも惜しい気がします。

5 「The Man Who Gave The Beatles Away（ビートルズを手放した男）」

ジョン・レノンがマネージャー就任を依頼

ビートルズファンの中でもアラン・ウィリアムズの名前を知っている人は、それほど多くないかもしれません。ビートルズのマネージャーとしてはブライアン・エプスタインが有名ですが、実は、彼は2代目で初代のマネージャーはウィリアムズだったんです。

1960年5月初旬、ジョン・レノンが、アラン・ウィリアムズにマネージャーに就任してくれるよう依頼しました。そしてドラマーがいないというので、ウィリアムズが彼らの代わりにトミー・ムーアというパートタイムのドラマーを見つけてきてくれたのです。

ビートルズは、プロとして初めてスコットランドのステージでバックバンドを務めましたが、その仕事を見つけてくれたのもウィリアムズでした。しかも、僅かなギャラだったためツアーの途中で金を使い果たしてしまったビートルズに、送金までしてくれたのです。

ビートルズは、ネストンという街でナイト・ショーを6回連続で行いました。これは、スコットランド・ツアー中に　ウィリアムズが、ビートルズがツアーから帰ってきた後もすぐに仕事ができるよう手配してくれていたのです。なかなか面倒見がいいじゃないですか。

リヴァプールでのビートルズは、ウィリアムズが経営するジャカランダ・コーヒー・バーで1960年5月30日から12回ステージに立ちました。もっとも、プロとはいえ、ギャラは、豆を乗せたトーストとコカ・コーラだけでした。

ハンブルクのクラブからオファーがきた

そして、下積み時代のビートルズのキャリア形成にとって欠くことのできないドイツのハンブルク巡業が始まりました。1960年8月にウィリアムズは、西ドイツ（当時）のハンブルクのクラブからのオファーを受け、ビートルズを派遣しました。

彼らにホテルは用意されておらず、映画館のバックステージで寝泊まりしました。それもトイレの近くで、毎晩悪臭と寒さに震えながら眠り、映画上映の音で起こされる毎日でした。

彼らが初めて演奏した場所は、「インドラ・クラブ」でした。そこで1960年8月17日から48日間、毎晩、長時間にわたる演奏を行いました。客は10人ほどでした。客の目当てはストリップを肴に酒を飲むことですから、最初から音楽を聴く気なんかありません。

労働条件は過酷で平日は4時間半、土日は6時間をノルマとして毎日長時間演奏しました。彼らは、初めはリヴァプールでやっていたように大人しく演奏していたのですが、それでは世界中から集まってきた荒くれ者で酔っぱらった船乗りたちには通用しません。オーナーのコシュミダーは、ステージの前まで出てきて大声で「Mach Schau !! Mach Schau !!（ショーを盛り上げろ！）」と叫び、盛んに彼らの尻を叩きました。

それに応えようと彼らは激しくシャウトし、盛んにステージを飛び回るなど、とにかく盛り上げようと全力で演奏しました。彼らは、聴く気のない観客に自分たちの演奏を聴いてもらうという、パフォーマーとして最も大切な能力を知らず知らずのうちに身に付けていったのです。

栄光はつかみ損ねたが

しかし、ウィリアムズは、ビートルズをリヴァプールのローカルバンドとしかみておらず、ロンドンでメジャーデビューさせようという野心はありませんでした。彼は、メキメキと腕を上げたビートルズの実力に気付いていなかったのです。

ビートルズがメジャーデビューする前に、ウィリアムズは、マネージャーの地位をブライアンに譲ってしまいました。ビートルズは、マネジメントの手数料が高すぎるとクレームを付け、支払いを拒否したのです。怒ったウィリアムズは、マネジメント契約を解除してしまいました。そして、マネージャーになりたくて仕方がなかったブライアンに、その地位を譲ってしまったのです。

ビートルズが支払いを拒否したのは、9ポンド（現在の貨幣価値で4万5000円相当）でした。それでも、当時の彼らにとっては、大金だったんですよね。その後、ビートルズは、ブライアンの巧みな戦略が功を奏して、メジャーデビューを果たし、世界的トップアーティストの地位に上りつめました。それに引き換え、悲惨だったのはウィリアムズです。彼は、ビートルズという「金の卵」を手に入れながら、自ら手放してしまったのですから。そこで、彼に付けられたレッテルは、「The Man Who Gave The Beatles Away（ビートルズを手放した男）」というありがたくないものでした。

ウィリアムズが、トップアイドルのビートルズのマネージャーとしての地位を取り逃がしてしまったのは事実です。でも、彼がビートルズをプロ・ミュージシャンとして一人前になるまで育てた人物であったことには違いありません。彼は、ビートルズという金の卵を温め、ヒヨコへ、そして金の卵を生み出すニワトリになる一歩手前まで育てたのです。

1965年、ビートルズは、エリザベス女王から功績を讃えられMBE勲章を授与されましたが、ウィリアムズはそのニュースをテレビで見て、悔しさのあまり、思わずソファのクッションをテレビに投げつけたのです。ただ、栄光はつかみ損ねたものの、彼がアマチュアだったビートルズをプロ・ミュージシャンとして通用するレヴェルにまで引き上げてくれたことには変わりありません。彼の功績は、もっと評価されて然るべきだと思います。

第2章

ビートルズのどこがすごいのか？

What's so great about The Beatles?

1 ミュージックビデオもスタジアムでのコンサートも！ビートルズが始めたこれだけのこと

デビューしたばかりの彼らは、まさにアイドルでした。当時の男性は髪を短くしていましたが、彼らはマッシュルームカットと呼ばれるキノコのような長髪で登場し、世間をあっと驚かせたのです。

また、ロックバンドであるにもかかわらず、ステージではスタイリッシュなスーツを着て、1曲が終わるたびに客席に向かって深々とお辞儀をしていました。ロックはガラが悪いと思われていたイメージを一新し、一躍世界のスーパースターに上りつめたのです。

シングル、アルバムともチャート1位を何週間も独占しました。中でも1964年4月4日、アメリカのビルボードのシングルチャートにおいて、1位から5位までを独占したのはとてつもない記録で、2021年9月13日にドレイクが達成するまで誰もできませんでした。

彼らが行くところは、どこでも大勢のファンが殺到して大群衆となり、多数の警官隊が出動してまるで暴動が起きたかのような様相でした。コンサート会場ではファンが絶叫し、興奮のあまり失神する人も大勢いました。

彼らの登場は、社会現象となりました。核戦争の恐怖やケネディ大統領の暗殺など暗いニュースが続く中で、彼らは、世界中の人々に夢と希望を与えました。また、大人の考えに縛られていた若者たちに、自由に生きることを教えてくれたのです。

若者に夢と希望を与えた

ビートルズは、「ビートルマニア現象」と呼ばれる、それまでにはあり得なかった世界的規模のファンの熱狂を巻き起こしました。彼らが現れるところにはどこでも、デモ隊のように何万人もの群衆が押しかけ警官隊が出動しました。コンサートは、耳をつんざくファンの絶叫であふれ、失神する女性が続出しました。保守的な大人たちの価値観から解放された若者たちは、自由に考え、行動できるようになったのです。

ビートルズは、労働者階級の出身でありながら世界的スーパースターになりました。お金も身分もなくても、彼らは、自分で曲を制作し、レコードを売り、コンサートを開いて世界を征服したのです。彼らは、「ワーキングクラス・ヒーロー（労働者階級の英雄）」と呼ばれ、若者たちの希望の星となりました。

スタジアムでコンサートを始めた

ビートルズのコンサートにはファンが殺到し、それまでの規模のホールに収まりきらなくなりました。そこで彼らは、1965年8月にニューヨークの野球場であるシェイ・スタジアムでロックコンサートを開催しました。

世界で初めて、会場としてプロ・スポーツのスタジアムが使用されたのです。当時ポピュラー音楽のコンサートとして最多記録になった5万5600人のファンの歓声は、ジェット機のエンジンの爆音のように響き続けました。

スタジアムでポップ・コンサートを開催するという発想は、世界中のアーティストにもプロモーターにも大きな衝撃を与えました。多くの観客を集めて莫大な収益を上げられるこのスタイルは、これ以降盛んに行われることになりました。

ジャケットをアートにした

ビートルズ以前のポピュラーレコードのジャケットは、ミュージシャンがポーズをとって微笑んでいるというのが定番でした。しかし、ビートルズは、大胆なデザインでそれをもアートにしました。

アルバム「リヴォルヴァー」ではあえてモノクロを選択し、ジャケットがバンドの音楽的発展の変遷を示すように、それまでのポップミュージック・スタイルから新しいサイケデリックな雰囲気へ移行する過程を示しています。線画とコラージュなど様々なテクニックを駆使し、サイケデリックで不思議な感覚を世界中の人々に与えました。

アルバム「サージェント・ペパーズ・ロンリー・ハーツ・クラブ・バンド」は、ビートルズの分身が音楽隊を結成したというコンセプトでアルバムが制作されました。ジャケットもビートルズ自身が音楽隊に扮し、世界中の有名人をフォトモンタージュで背後に従えています。レコードもそうですが、ジャケットでも音楽の持つ大衆性と芸術性という二面性を表現しました。これは、歌詞を掲載した最初のアルバムであり、リスナーにレコードをただ聴くだけでなく、その知的な内容を探求するよう働きかけました。

ミュージックビデオを普及させた

ビートルズは、1966年にすべてのコンサートをやめました。

彼らが動いている姿を観られなくなった人々のために、音楽とともに映像を撮影し、ミュージックビデオとして放映することを考えついたのです。それが「ペイパーバック・ライター」という作品です。そこでは映像と音楽が統合され、音楽は「観ながら聴く」アートになったのです。

彼らの先進的な取り組みは、1981年に放送を開始したアメリカのケーブルチャンネルであるMTVで一気に開花しました。マイケル・ジャクソンが華麗なダンスとヴォーカルで大衆を魅了するなど、この手法により世界中のアーティストが様々なパフォーマンスを繰り広げたのです。

世界中の人々に愛と平和のメッセージを伝えた

ビートルズは、東西冷戦の真っ最中にデビューし、世界中が核戦争の恐怖に怯《おび》えていた時代に明るいラヴソングで人々を勇気づけました。そして、1967年に「オール・ユー・ニード・イズ・ラヴ（愛こそすべて）」を世界24カ国で同時衛星中継された「アウア・ワールド」というテレビ番組で演奏し、愛と平和のメッセージを届けました。

音楽がもはやエンターテインメントにとどまらず、愛と平和のメッセージになり得ることを証明したのです。この精神は、1985年に行われたアフリカ難民救済のためのチャリティーコンサート「ライヴエイド」に受け継がれていきました。

「イエー」という言葉を世界中に普及させた

皆さんは、日常生活で「イエー」という言葉を使っていますよね。もちろん、これは英語の「Yeah」から来ています。実は、この言葉を世界中に普及させたのはビートルズなんです。

彼らは、自分たちの楽曲で盛んにこの言葉を使いました。「シー・ラヴズ・ユー」というミリオンセラーの曲が出来上がったばかりの時に、ポールは、父親のジムに聴かせたのです。すると彼は、「いい曲だが、『イエー』という言葉は品がないから『イエス』に変えなさい」とアドヴァイスしました。

ポールは、それでは面白くないと耳を貸さずそのままにしました。この言葉は、イギリスでは労働者階級の言葉として使われていたのですが、ビートルズは、それを普通に歌詞の中に取り込んだのです。彼らが盛んにこの言葉を使ったので、当時の大人からは「イエー・イエー・ソング」と揶《や》揄《ゆ》されました。

しかし、彼らが盛んに使ったために、この言葉は、一種の「若者言葉」として全世界で普及し、そのうち大人も使うようになったのです。日本語でいえば「ヤバい」みたいなものでしょうか。

芸術に大衆性を取り入れた

ビートルズは、若者のファッションの変化を引き起こしました。モップ・トップと呼ばれるキノコのような髪形を普及させ、男性の長髪が社会に受け入れられるようになりました。アイドルの頃はスタイリッシュなスーツで身を固め、サイケデリックな音楽に傾倒した時期にはカラフルな衣装に身を包み、若者たちのファッション・リーダーとなりました。

彼らは、上流階級と下層階級との間にあった芸術や文化の垣根を取り払い、上流階級が楽しむものとされていた芸術を大衆文化に、大衆文化の持つ世俗性を芸術の中に取り込んだのです。20世紀の偉大なクラシック指揮者であり、ニューヨーク・フィルハーモニー交響楽団の音楽監督であったレナード・バーンスタインがビートルズ・ファンだったことがその一つの証しです。

アルバムの概念を変えた

1965年のアルバム「ラバー・ソウル」では、それまでの明るいラヴソングとは一線を画す芸術性の高い作品をずらりと並べ、アーティストに変身する兆しを見せました。それまではシングルのボーナス版的な扱いだったアルバムの概念を一変させ、アルバムこそがアーティストの芸術性を発揮するツールであると位置付けたのです。その一方でシングルでもしっかりとヒットを飛ばして、大衆の心を捕まえていました。

1966年には、一切のコンサートをやめてスタジオでの音楽制作に切り替えました。アルバム「リヴォルヴァー」では、テープを逆回転させたサウンドを挿入するなど、スタジオでの編集で元の音源に様々な効果を加え、それまでの音楽の常識を覆す試みを成功させました。前衛的な音楽は、一般のリスナーにはハードルが高いのですが、彼らは、それを見事にポピュラー音楽として制作したのです。この作品で彼らは、完全にアイドルからアーティストへと生まれ変わりました。

1967年のアルバム「サージェント・ペパーズ・ロンリー・ハーツ・クラブ・バンド」は、ポピュラー音楽史上に革命をもたらしたとされています。一枚のアルバムが一つのコンセプトで統一されており、当時の常識を覆す実験的な試みを成功させ、リスナーは、聴いているだけで万華鏡の中を浮遊しているような幻想的で不思議な空間に誘われます。

1968年の「ホワイト・アルバム」（通称）では、ビートルズがインド滞在によりインスピレーションを受け、あふれ出る才能を一気に開花させました。アルバムとしての統一感には欠けるものの、メンバーの個性が強烈な色彩を放っています。

1969年の「アビイ・ロード」は、「ビートルズ史上最高傑作」とも呼ばれ、珠玉の名曲ぞろいです。特に、B面は、曲調が異なる数曲がメドレーで構成され、一つの組曲のような素晴らしい作品になっています。

メンバーが並んで横断歩道を渡るジャケット写真でも有名で、世界中の至るところでいまだにそれをマネた写真が撮影されています。この作品で彼らは、バンドとしての頂点に達したといえるでしょう。

2　レコーディングにおける革命

音源を加工した

ビートルズは、スタジオでレコーディングしたサウンドを加工し始めました。これは、音楽界に革命をもたらしました。実験的なことに取り組むと大抵は失敗するんですが、ビートルズは、ことごとく成功させたのです。今でこそ当たり前になっている作業ですが、音源をあれこれいじくり回すなんて、当時ではとんでもない発想でした。

ギターのサウンドを歪《ひず》ませた

エレキギターを普通に弾くと「クリーントーン」というサウンドが出ます。しかし、これでは全くロックっぽくなく、もの足りません。そこで、様々なテクニックを使ってこれを歪ませます。ディストーションもその一つですが、「ギュイ〜〜〜ン」という歪んだサウンドに変わって、一気にロックっぽくなります。

現在では当たり前のテクニックですが、エレキギターが普及し始めた頃は、そのようなサウンドを出すことは全く想定されていませんでした。ファズ（エフェクターの一種）は、ギタリストたちの要求に応えて開発されたのです。

ジョージは、1963年7月1日の「シー・ラヴズ・ユー」のレコーディングの際にファズをメンバーで最初に使おうとしました。これがビートルズがレアなサウンドに加工を加えるというサウンド革命の扉を開いた瞬間でした。しかし、この時は使用しませんでした。

フィードバックを利用した

1964年、スタジオでレコーディングをしている時、ジョンがギターをアンプに立てかけておいたのです。すると何ともいえない奇妙な音が聞こえてきました。これは、アンプを使えるタイプのギターをアンプに近づけると、共鳴して音が出る「フィードバック」という現象です。ジョンは「これは使える」とひらめいたんです。

彼は「アイ・フィール・ファイン」で早速これを使いました。曲の冒頭で「ヴィヨ〜〜〜〜〜ン」と何ともいえない奇妙なサウンドが聴こえ、そこからイントロがスタートします。普通なら編集でカットしてしまうノイズですが、ビートルズは、あえてそれを使ったのです。

トレモロを使用した

1965年、ジョージが「シンク・フォー・ユアセルフ」をレコーディングする際、ジョンのアンプのトレモロを使用しました。トレモロは、同じサウンドを繰り返すテクニックで、リズミックな揺らぎを表現させることができたのです。

ビートルズは、この時初めてスタジオでギターのサウンドに電子的な効果を使用し、ここからスタジオ・アーティストとしての道を歩み始めました。

インドの影響を受けた

1960年代は、アメリカを中心とする資本主義国が著しい経済成長を遂げた時期です。国民は豊かになりましたが、その半面、様々な社会問題が発生し、人々、特に若者たちは、心身ともに疲れていました。彼らは、何か拠り所を求めたのです。

西欧の若者たちは、精神世界について啓示を与える東洋思想に興味を持ちました。ジョージもその一人です。彼は、インドの思想や音楽に強い影響を受け、ビートルズのメンバーにも紹介しました。彼は、インドの伝統楽器であるシタールを「ノーウェジアン・ウッド（ノルウェーの森）」で使用し、幻想的な雰囲気を出すことに成功しました。

サウンド・エフェクトを実現した

「トゥモロー・ネヴァー・ノウズ」では、EMIが開発したADTを使用し、ヴォーカルを2度歌わなくてもダブルトラッキングでヴォーカルを二重にして深みを出せるようにしました。ヴォーカルをハモンドオルガンのレスリー・スピーカーを通し、ジョン曰《いわ》く「数千人もの僧侶が山頂から読経しているようなヴォーカル」を実現しました。

現代のヒップホップで用いられる同じサウンドを繰り返し再生する「ループ」というテクニックを、テープで行う「テープ・ループ」を開発し、ヴォーカルのバックで同じ演奏が繰り返されています。テープの回転速度もいろいろと変えました。テープを逆回転させることにより、イントロでカモメの群れが鳴いているかのような不思議なサウンドを出しています。

さらに、バス・ドラムのヘッドを外し、中にセーターを詰め込んでサウンドを減衰させ、マイクを近づけてサウンドを拾いリミッターで圧縮しました。このように生の音源を様々なテクニックを駆使して加工し、東洋思想の神秘的な雰囲気を出すことに成功したのです。

現代のポピュラー音楽で盛んに使われているサンプリング（音源を再構築して新たな楽曲を制作するテクニック）やサウンド・エフェクトを、DTM（デスクトップミュージック。パソコンを使用して音楽を作成・編集すること）がまだ存在しない時代にビートルズは、アナログの手法でもう実現していました。音楽に無限の可能性があることを彼らは全世界に知らせ、これ以降、世界中のアーティストが取り入れることになりました。

テープをランダムに繋ぎ合わせた

「ビーイング・フォー・ザ・ベネフィット・オヴ・ミスター・カイト！」という曲でジョンは、古いサーカスのポスターからヒントを得て、曲にカーニヴァルの雰囲気を与えたいと思い、プロデューサーのジョージ・マーティンに「床の上にあるおがくずの匂いがするような感じにしてくれ」と依頼しました。

マーティンは、様々な遊園地の蒸気オルガンのテープを取り寄せました。集めてきたテープをエンジニアに渡し、それらを長さで15インチ、時間で約1秒に当たる小さな断片に切らせました。彼は、その断片を机の上に並べました。マーティンは、「それじゃあ、そいつを空中へ放り投げて、つかんで繋ぎ合わせてくれ」と指示しました。当然、ランダムに繋ぎ合わされた音は、グチャグチャの訳の分からないサウンドになりました。それをバックグラウンドで使ったのです。

さらにマーティンは、半音階でハモンドオルガンを半分の速度で弾き、サウンドを上下させました。彼らは、テープをゆっくり再生し、1オクターブ低くしました。この曲でリスナーは、古いサーカス小屋で見物しているような不思議な気分を味わえるのです。

3　変幻自在の制作方法

クラシックの要素が根底にある

ビートルズは、イギリス出身なので、幼い頃からクラシックに親しんでいました。おそらく無意識にではありますが、彼らの楽曲の根底にクラシックがあることも、リスナーに飽きられない安定感をもたらしていると考えられます。

ポールは、バッハをとても尊敬していますが、彼が制作した「アンド・アイ・ラヴ・ハー」は、バッハのよく知られた「プレリュード」を思わせる美しく流れるような曲調です。「イエスタデイ」「エリナー・リグビー」ではストリングスを導入して、クラシックとロックとを融合させました。

変幻自在に楽曲を制作した

アーティストが制作する楽曲には一定の傾向があって、「大体こんな感じの曲が多い」というのが一般的です。それは、決して悪いことではありませんし、むしろそれだからこそ、多くのファンが支持しています。

しかし、ビートルズの場合、変幻自在でまるでカメレオンのようにいろんな姿を見せるのです。それこそが彼らの特徴といっても差し支えないかもしれません。こんなに手を広げてしまうと普通は失敗するのですが、彼らは、それらをことごとく成功させているのです。

転調の達人

ビートルズは、曲の途中でキーを変える「転調」というテクニックを使う達人でした。転調すると曲の途中でイメージが変わり、不思議な感覚になります。それまでのポピュラー音楽ではあまり例がありませんでした。

「フロム・ミー・トゥ・ユー」では、キーはCですが、Bメロで

Fに転調します。明るい曲調でスタートしますが、転調することでしっとりとした曲調に変わり、リスナーに「おやっ？」と思わせます。そこから再び明るい曲調へ戻って安心させるという、心憎い演出です。

クリシェを初めて使った

「ミッシェル」では、バロック音楽で使われた、コードの構成音の一つを半音ずつ変化させるクリシェというテクニックを使っています。これを聴くと、何ともいえないうっとりとした気持ちにさせられます。

バッハの「G線上のアリア」で有名なこのテクニックがポピュラー音楽で使われたのはこれが初めてであり、これ以降ビートルズが好んで「サムシング」などの曲に使っただけでなく、他のアーティストも盛んに使うようになりました。それによりレッド・ツェッペリンの「天国への階段」など、数多くの名曲が誕生したのです。

もちろん、現代のJ-POPでも使われています。DREAMS COME TRUEの「LOVE LOVE LOVE」、Mr.Childrenの「and I love you」、aikoの「ボーイフレンド」などがその例です。

シンプルなフレーズで名曲を作った

「ハロー・グッドバイ」では、1回目のギターと2回目のコーラスで「ドレミファソラシド」が登場し、キーは違いますが「シー・ラヴズ・ユー」の歌い出しは「ドレミファソ」です。小学生でも知っているシンプルなフレーズを使って名曲を作ってしまうのですからやはり天才です。

「オブ・ラ・ディ、オブ・ラ・ダ」は、まさにこのテーマの真骨頂ともいえる曲です。メロディーは、子どもでもすぐに歌える明るくて楽しい曲調で、Aメロは、コードも基本とされる3つのコードしか使っていません。

さすがにこれだけでは単調になってしまうので、サビではマイナーコードも使っています。キーがB♭なのでギターがあまり得意でない人が弾くには少し難しいかもしれませんが、これも1フレットにカポタストをはめればやさしいAで演奏できます。

「エリナー・リグビー」は、オーケストラがフィーチャーされた美しくて荘厳ともいえる名曲ですが、コードは、ほぼCとEmの2つだけで基本のスリーコードすら使っていません。それであの美しいメロディーラインを生み出したのですから、まさに天才のなせる業です。

変拍子のマジシャン

一般的な楽曲は、4分の4拍子などの一定のリズムで構成されていますが、変拍子は一つの曲で複数のリズムを使います。曲の流れを断ち切らないようにリズムを変えるのはとても難しいのですが、ビートルズは、これも難なくこなしていて、普通では考えられないような変拍子を使いました。

「オール・ユー・ニード・イズ・ラヴ」では、イントロが4分の4拍子で3小節、それに続いてコーラスが1小節演奏されます。次の小節から1小節だけ4分の3拍子に変わり、すぐに4分の4拍子に戻ります。

コーラスが始まると3回同じメロディーを繰り返しますが、最初の2回は、4分の4拍子で1小節、次の1小節は4分の3拍子です。しかし、3回目は、メロディーが同じなのに、3小節まで4分の4拍子で最後の1小節だけ4分の3拍子に変わります。コーラスの次のメインヴォーカルも、同じパターンとリズムが目まぐるしく変わります。

こうやって説明されると混乱してしまうと思いますが、実際の曲を聴いてみると何ら違和感はありません。そもそも、こんな突飛なリズムの楽曲を作るなんて、ビートルズくらいしか思いつきません。

対位法を取り入れた

対位法は、シューベルトの「未完成交響曲」に代表される、主旋律とは全く異なる旋律を楽器やコーラスを重ねて、サウンド全体を幅広く豊かにするクラシックのテクニックです。ビートルズは、これも取り入れて「ヘルプ！」を制作しました。ジョンが主旋律のヴォーカルを担当し、ポール、ジョージがそれと異なるコーラスとギター、ベースを重ねています。

「アイヴ・ガッタ・フィーリング」でもこれを使い、ジョンとポールが、同じコードで全く違うメロディーと歌詞を同時に歌っています。まるでお互いが向き合って自分の言いたいことを言い合っているようですが、これがコーラスとはまた異なる素晴らしいコンビネーションになっているのです。

4 メンバーそれぞれの作曲方法

最も明かされない部分

ビートルズがどうやって数々の名曲を作ったか、これって誰もが一番知りたいことですよね。彼ら自身が何らかの形で記録を残しているので、ある程度は分かっています。しかし、実際の制作過程はほとんど記録されていません。なぜなら、誰もが一番見られたくない作業だからです。

普通、人に見られながら作曲なんてできませんよね。ですから、作曲者自身が伝えたところ以外は、作品から推測するしかありませんし、それが正しいかどうかすら実は誰にも分からないのです。ただ、そういってしまっては身も蓋もないので、推測も交えて可能な限り彼らの作曲方法に迫ってみます。

レノン＝マッカートニーの最大の強みは、2人とも作詞も作曲もできたことです。しかもそれぞれ得意とする分野が違うことで、よりビートルズの音楽がヴァラエティー豊かになりました。どちらかが行き詰まると、もう一人がサポートして難局を切り抜けられたというのが彼らの強みでした。

ジョンの制作方法

①片っ端からメモする

ジョンは、頭に思い浮かんだ歌詞を片っ端からメモします。最初からまとまったものになっていることはなく、何枚ものメモが残されます。そのうちいくつかを取り上げて、モノになりそうなものを選んで作り込んでいきます。いよいよこれは一つの曲になりそうだとなると、歌詞をタイプで打ちます。

ジョンのアイデアは、個人的な経験、苦痛、政治や平和などをテーマにしたものが多い傾向がありました。彼は、一人称で書くことが多く、言葉遊びが好きでした。風刺を交え、皮肉っぽいユーモアのセンスがよく光っていました。

② ありとあらゆることからヒントを得た

彼が最も得意とした方法は、自分が手に入れた情報からインスピレーションを得て、それをキーにして曲を作るところです。例えば、新聞の記事からヒントを得たのが「ア・デイ・イン・ザ・ライフ」、息子のジュリアンの描いた絵からヒントを得たのが「ルーシー・イン・ザ・スカイ・ウィズ・ダイアモンズ」です。

ボブ・ディランの影響を受けてからは、より一層歌詞に力を入れるようになり、中期以降になると難解な歌詞を好んで書くようになりました。評論家があれこれ的外れな解説をするのを面白がっていました。

③ 仮の歌詞

ある程度曲が出来上がってからの段階ですが、どうしても歌詞の一部が思い浮かばないことがあります。そんな時、彼は、何でもいいから適当な言葉を仮に入れておくのです。そうしてしばらく寝かせておいて、いい言葉を思いついた時にそれに置き換えるのです。また、彼は、セッション中でも良いアイデアが浮かぶと、どんどんペンを走らせて書き直していました。

④ メロディーの特徴

ジョンのメロディーは、例えば「レボリューション」「オール・ユー・ニード・イズ・ラヴ（愛こそすべて）」などのように、音程の上下があまりなく、同じフレーズを3、4回繰り返す傾向があります。こう説明すると、彼の曲が単調なように誤解されてしまいそうですが、そうではありません。

ソロになってからの名曲「イマジン」を思い起こしてください。メロディーもコードも歌詞もシンプルなのに、全世界の人々の心をつかんで離しません。このような作り方の方がかえって難しいのです。

その一方で1曲の中でめまぐるしくリズムを変える、盛んに転調するなど、やりたい放題やるのも彼のお得意でした。それでも天才だからこそ破綻せず、名曲を完成させたのです。

ポールの制作方法

① 断片を残して後で使う

作詞から始めることが多かったジョンに比べて、ポールは、作曲から入ることが多かったようです。まずメロディーを作ってからコードを振り、最後に歌詞を付けるというのが一般的なスタイルでした。

彼は、曲が完成しなかった場合、その断片的なフレーズを残しておきました。そして、後でミドル・エイト（ブリッジともいう。曲の繋ぎに当たるパート）に使ったりしたのです。

圧巻だったのは、アルバム「アビイ・ロード」B面のメドレーです。これはポールが制作した未完成の曲を繋ぎ合わせてメドレーにしたものですが、見事な仕上がりになっていていまだに賞賛されています。

②1分もかからずできた曲も

2021年に公開された映画「Get Back」は、1969年1月にロンドンで行われたビートルズの「ゲット・バック／レット・イット・ビー・セッション」の様子をドキュメンタリー映画として制作したものです。タイトル曲の「ゲット・バック」は、シングルとしてリリースされ、英米でチャート1位を獲得した名曲です。

スタジオでポールは、ベースをかき鳴らし始めると思いつくままに歌い始めました。次第にメロディーとコードが出来上がってくると、なんと「ゲット・バック」ではありませんか！　驚くべきことに、彼は、歌い始めてから1分もかからないうちに、歌詞を除くメロディーとコードを完成形に仕上げてしまいました。

もっとも、これは、彼らのキャリアの中でもきわめて例外的なケースです。しかし、ここに彼らの作曲方法のヒントが隠されています。とにかく思いついたメロディーをギターやピアノで弾きながら探り、歌詞が先ならその場でノートやメモに書き留めていくのです。

③ポールの作風

ポールのアイデアは、三人称で、作り話のように語られることが多い傾向にありました。彼は、ストーリー性のある曲、愛についての曲、楽観的な曲を多く書いています。

ポールのメロディーは、音程の跳躍が多いのが特徴で、緊張感を高めてよりドラマティックに仕上げる傾向にあります。「イエスタデイ」「ヘイ・ジュード」などがそうです。

また、ポールが作ったメロディーは、高揚感を伴うものが多い傾向にあります。例えば「ヒア、ゼア・アンド・エヴリウェア」は、たった1小節ほどの間に「オクターブ・ジャンプ」と呼ばれる1オクターブ以上も音程を上下させるテクニックを使っています。

これはとても勇気のいることでそんなに音程を上げてしまうと、次にどこへ着地させればいいのか、普通の人なら分からなくなってしまいます。また、曲が出来上がったとしてもそれを歌うのは自分ですから、歌唱力に自信がないとできません。しかし、彼は、そんな難題を難なくクリアしていたのです。

一人で苦労したジョージ

ティーンエイジャーの頃から作曲を始めていたジョンとポールと違い、ジョージは、ビートルズとしてデビューしてから作曲を始めたので、レコーディングできるようになる作品を制作できるようになるまで時間がかかりました。しかも、ジョンとポールがお互いに協力し合いながら作曲できたのに対し、ジョージはいつも一人で制作していたので、なかなか上手くいかず苦労の連続でした。

それでも「ホワイル・マイ・ギター・ジェントリー・ウィープス」「サムシング」「ヒア・カムズ・ザ・サン」などの名曲を制作しています。彼は、激しいロックンロールよりもバラードが得意でした。彼自身あまり喉が強くなく、シャウト系の激しい曲をあまり歌っていなかったせいかもしれません。

5 信じられないほど ユニークなコード進行

ユニークなコード進行

ビートルズの曲がいつまでも多くの人々に感銘を与えるのは、そのコード進行がとてもユニークであることも重要な要素の一つです。それは、彼らがデビューした当時はもちろんのこと、それから現在に至るまでずっと指摘され続けています。このお話に入る前に、コードやその進行について簡単に説明しておきます。

コード及びその進行とは

① コードはとても重要

コード（和音）は、複数の単音の重なりで構成されています。不思議なことですが、人間の耳にとって心地よいコードは限られています。なぜそうなのかは、音楽のプロでも説明できません。

曲にとってメロディーが重要なのは当然ですが、コードも同じく重要です。同じメロディーでもコードを変えると、全く違うイメージで聴こえるのです。

② コード進行にはパターンがある

しかも面白いことに、一つの曲のコードは、ある一定のパターンで進行させるというお約束があるのです。人間の耳に心地よく聴こえるパターンが決まっているんですね。これをカデンツと呼びます。

例えば、キーをＣ（ド）とします。すると、典型的なパターンの一つは「C→F→G→Am」という進行です。演奏してみれば分かりますが、とてもしっくり耳になじみます。これもなぜそう聴こえるのか、理由は分かりません。

ユニークなコード進行

ビートルズが他のアーティストと大きく違うところは、初期の段階からこの一般的なコード進行を無視し、普通では考えられないようなユニークな進行を採用したことにあります。それは、彼らが正式な音楽理論の教育を受けておらず、自分たちの感性の赴くままに作曲したことに要因があります。従来の音楽理論に縛られず自由に作曲したために、結果として斬新なコード進行になったのです。

アメリカ人のシンガーソングライターであるボブ・ディランは、ビートルズより先に成功を収めていましたが、彼は、早くから彼らの才能に気付いていました。「彼らは、誰もやっていないことをやっていた。彼らのコードはとんでもない、まさにとんでもない、そして彼らのハーモニーはそれをすべて有効なものにした」彼の言葉がビートルズの非凡さを物語っているといえるでしょう。

それでは、具体例を挙げて検討してみましょう。なお、ビートルズが実際に使ったコードは、公式に公開されていないので諸説あることにご注意ください。

「アイ・ウォント・トゥ・ホールド・ユア・ハンド（抱きしめたい）」

① カデンツを無視

ビートルズを一躍世界的なスーパースターに押し上げた曲です。

ジョンとポールが一緒にピアノの前で作曲していたのですが、Aメロの最後のところでジョンがピッタリはまるコードを思い浮かばなかったのです。そこで、ポールが鍵盤でBメジャーを叩くと、ジョンが振り返って「それだ！　それをもう1回やってくれ！」と叫びました。

この曲のキーはGで、Aメロは、G→Em→Dとコードが進行します。ここまでは「カノン進行」と呼ばれる王道のコード進行です。次にBmが来れば完全にカノン進行になるのですが、そこをB（実際にはB7）にしたところが彼らの天才ぶりを表しています。

王道から外れているので、この部分を聴くと何となく収まりが悪い感じがするはずですが、かえってそれが気持ち良く聴こえるから不思議です。

② 転調

ミドル・エイトはCにキーを変える、つまり転調します（転調していないという見解もあります）。普通同じ曲ではキーを変えないのが一般的ですが、転調することで曲の雰囲気を変えるというテクニックで、ビートルズが好んで使いました。

それまでの明るく元気いっぱいの感じから一転して、しっとりと落ち着いた雰囲気になります。ここでリスナーは、意表を突かれて「おや、どうしたんだろう？」と思います。これからどうなるのだろうと思っていたら、最後のところでC→Dの繰り返しで曲を盛り上げ、何事もなかったかのように元のGに戻るのです。この巧みなコード進行はいまだに賞賛されています。

ペニー・レイン

① 始まりは普通

誰もが一度は耳にしたことのあるポップな名曲です。ビートルズの後期に制作された曲で、初期とは異なり、かなりコードも複雑になっています。

キーはBでC#m7→F#7と進行します。ここまではよくあるコード進行ですが、ここでBm7という同じBのマイナーコードに転調します。普通は、怖くてこんなことはできません。「え？何？どうしたの？」とリスナーは、不安な気持ちになります。しかし、その間もメロディーは、何ら違和感なく美しく流れます。

しかもAメロの最後は、F#sus4→F#7を2回繰り返します。ほんのちょっとした捻《ひね》りなんですが、爽やかな風で木の葉が揺らいでいるような心地よさを感じます。

② サビで一気に明るく

同じコード進行でAメロを繰り返しますが、サビに入る直前で、1回目と違って最後はEで終わります。ここでリスナーが「むむ、何かが始まりそうだぞ」と異変を感じると、サビではAに移り、一転して一気に明るい曲調になります。

例えていえば、雲一つない青空のように曲がスタートし、雲が何度か太陽を覆って薄曇りになります。でも、またすぐに太陽が顔を出して燦々《さんさん》と輝き、その間も心地よい風がずっと吹きわたっているといった感じです。

③ 元のキーに戻ってくる

しかし、曲を終わらせるためには、キーであるBに戻らないといけません。かといって、いきなり戻ると曲調がおかしくなります。そこで、サビの最後に繋ぎとしてF#7を挟みました。これでスムーズにBへ戻れるのです。初期とは違って、さすがにこの辺りのコード進行はポールの計算ですね。

サムシング

ジョージが制作したビートルズ屈指の名曲です。イントロのF→E♭→GonDが短いながらかっこいいですね。キーはCです。

Aメロは、ジョージが得意とする、クリシェという半音ずつ下がっていくコード進行でC→Cmaj7→C7→Fと、うっとりさせられる美しいメロディーラインを作っています。さらに、Am→Amaj7→Am7→D9とまたクリシェを使います。

サビでは転調してAになるのですが、その前に一瞬GonDというコードを挟んでいます。これなしにいきなり転調してしまうと違和感が出てしまいかねないのですが、このコードを繋ぎとして挟むことでリスナーに「ここからサビに入るよ」と予測させて、スムーズに転調しています。

コード進行のユニークなビートルズの曲は他にもたくさんあり、ここに挙げたのはほんの一例にすぎません。

第3章

ビートルズの演奏の魅力

The playing attractiveness of The Beatles

1 ジョン・レノンのヴォーカルの魅力

曲に自らの魂を込めた天才

ジョン・レノンは、ヴォーカリストとしても超一流の才能を発揮しました。彼がリード・ヴォーカルを取るときは、その独特な感性、豊かな知性や様々な経験に裏付けられた魂のすべてを込めたのです。おそらく、こういった才能において、彼の右に出る者はいないのではないでしょうか？

もちろん、これは、プロのシンガーやヴォーカリストなら当然のことです。しかし、恋するウキウキした気持ち、振られた悲しさ、怒り、切なさ、嫉妬、人間とは何か…これらのありとあらゆる感情や想いを巧みに織り交ぜてヴォーカルに乗せることができたのは、彼をおいて他にはいないような気がします。

「ヘルプ！」はその名の通り、助けを求める叫びですが、その明るい曲調とは裏腹のジョンの苦悩が浮かんできます。

高い知性と豊かな教養

彼は、労働者階級出身でしたし、家庭環境も複雑でした。しかし、彼は、幼少期から読書を好み、生まれ持った才能に加え、自ら学習することで高い知性と豊かな教養を身に付けたのです。いや、むしろ、そのような生い立ちだったからこそ、彼の作品もヴォーカルもより魅力的に輝いたのかもしれません。彼は、音楽だけでなく文学や哲学などにも強い興味を抱き、よく理解していたのです。「トゥモロー・ネヴァー・ノウズ」は、作家のティモシー・リアリーらがチベット仏教の経典である「死者の書」について研究した成果を記した哲学書から啓示を受けて制作されました。そのため、曲調は、まるで重金属が空間で捻《ね》じ曲がって千切れるように幻想的であり、歌詞はとても哲学的で、自分自身を深く見つめ直せば真の自分が見つかるという、示唆に富んだものになっています。

ユニークな声

ジョンは、おそらく歴代のシンガーやヴォーカリストの中でも、とてもユニークな声を持っている一人だと思います。もちろん、エルヴィス・プレスリー、フレディ・マーキュリー、マイケル・ジャクソンら偉大なヴォーカリストはみんなそうなんですが、ジョンと似た声の持ち主は、おそらくいないのではないかという気がします。

彼の声域は、B1からA5までだったようですが（諸説あります）、いわゆるエッジの効いた声というか、パンチのある声ですね。しかし、シャウトしている時でもガサツな発声をしていたわけではなく、非常にきめ細かく音程を調整していました。

ビートルズがブレイクするきっかけとなったのは、彼の声に負うところが大きかったと思います。せっかく素晴らしい楽曲を作ったとしても、ヴォーカルがそれについていけなければ、宝の持ち腐れになってしまいます。その意味でジョンがユニークな声を持っていたことは、ビートルズがブレイクするための大きな要素の一つだったといえるでしょう。

「ア・デイ・イン・ザ・ライフ」の幻想的な曲調は、彼のヴォーカルなしには成立しなかったでしょう。

艶っぽい声

ジョンの声をどう表現してよいのか、なかなか適切な言葉が見当たらないのですが、「艶っぽい」というのが一番的確な表現ではないでしょうか？　特に、しっとりとしたバラードや幻想的な楽曲では、シルクというよりはヴェルヴェットのような肌触りの声を聴かせます。ツルッとしてるんじゃなくて、ちょっとザラついてるんですね。そのザラつき加減がちょうどいいんです。

かといって、ハスキーな歌声ともまた違います。ハスキーヴォイスといえばロッド・スチュワートが代表的ですが、あそこまでかすれてはいません。また、ミック・ジャガーとも違いますね。彼と同じような声を出すヴォーカリストは、他にいないのではないでしょうか？「ノーウェジアン・ウッド（ノルウェーの森）」はその代表曲です。

鼻腔共鳴

ジョンのヴォーカルを聴いていると、何となく鼻にかかったような声に聴こえませんか？　おそらく彼は、「鼻腔《びくう》共鳴」というテクニックを使っていたのではないかと思います。

鼻腔というのは鼻の奥にある空間ですが、声をここで響かせることによって美しい響きになります。鼻腔共鳴を使うと、とても音がクリアに響いて聴こえるのです。

彼がこのテクニックを無意識に使っていたのか、意識的に使っていたのかは分かりません。ジョンは体格が良かったので、頭蓋骨が大きくて鼻腔が広かったのかもしれません。それで、鼻腔共鳴を存分に使えたのではないでしょうか？

低音域はジョンの独壇場だった

天井をぶち破るかのような高音域は、ポール・マッカートニーの独壇場でしたが、低音域は、まさにジョンの独壇場だったといえるでしょう。ポールも低音域はカヴァーできましたが、パワーではジョンが勝りました。ジョンの発声法は、イメージ的には声を鼻腔共鳴させて、前に放り出すような感じだと思います。パワフルでズドンと腹に響くような感じでしょうか。「ツイスト・アンド・シャウト」はその代表曲です。

コンポーザーであったが故の作品に対する深い理解

ビートルズは、自分が作成した作品でリード・ヴォーカルを取ることがほとんどでした。自分で作った作品ですから、その意味は誰よりもよく理解しています。ですから、「この作品にはこのヴォーカルだ」と自ら最良の選択ができました。ある時は激しくシャウトし、またある時はしっとりとした歌声を聴かせるなど、見事に使い分けていたのです。

例えば、ジョンは、「ガール」で、イントロなしでいきなり少しザラついた感じの気だるい歌声を響かせます。この作品の歌詞、メロディー全体に漂う何ともいえない哀愁は、この声と合わさることで初めて深い味わいを持ったのです。

不思議な魔力を持つ女性に魅入られてしまった主人公が、別れたいけど別れられない。そんなもどかしさを切々と歌っています。

そんな歌詞にピッタリのヴォーカルです。

あえてタイミングを遅らせた

ジョンがバラードで使ったテクニックですが、実際の演奏よりほんの少しだけテンポを遅らせてヴォーカルを乗せていました。前述した『ガール』などはその典型ですね。メロディーの途中でほんの気持ちだけ遅らせているんですが、それが気だるさを感じさせ、何ともいえずウットリとした気分にさせられます。

2 ポール・マッカートニーのヴォーカルの魅力

七色の声を持つ男

ポール・マッカートニーも、ジョン・レノンと並んでヴォーカリストとして抜群の才能を見せています。その大きな特徴の一つが「変幻自在に声を変えることができた」という点です。
「ポール・マッカートニーって何人もいるの？」と思わせるほど、曲によって声色をガラリと変えています。こんなに様々な声色を使い分けられるヴォーカリストは他に例をみません。

ポールは、「アイム・ダウン」では天井をぶち破るかと思うほどのハイトーン・ヴォイスを炸裂させたかと思うと、「ヒア、ゼア・アンド・エヴリウェア」では天使のような優しく甘い歌声を披露しました。

また、「レディー・マドンナ」ではエルヴィス・プレスリー張りの低く野太い歌声を聴かせ、「オー！ダーリン」ではゆったりとしたテンポながら、迫力満点の力強くしかも高音のヴォーカルを披露してくれます。この変幻自在ぶりは、どんなアーティストにもマネできません。

ベースを弾きながらコーラスまで

ポールは、ベースを弾きながらヴォーカルをやっていました。メロディーとベースラインは違いますから、そう簡単ではありません。曲の半分近くのリード・ヴォーカルを担当し、コーラスでハモるわけですから大変な負担のはずです。

ところが、彼は、弦を押さえる右手の手元を一切見ることなく（彼は左利きです）、それらの課題をやすやすとクリアしてしまったのですから、やはり天才というしかありません。

喉の強さ

ポールは、どんなに高音を出しても絶叫しても潰れないという、信じられないくらい強い喉を持っていました。超合金でできているのではないかと呆《あき》れるほどの強さです。

ジョンは、「ツイスト・アンド・シャウト」のレコーディングの時には風邪で声が枯れていましたし、ジョージも扁桃炎で入院したことがありましたが、ポールに関しては、ほとんどそのようなエピソードを耳にしたことがありません。

女性並みの高音

ジョンは、「ポールは、女の子みたいに高い声を出せる」と語っていますが、それほど彼は、いとも簡単に女性並みの高音を出せました。

さらにすごいのは、ポールは、ヴォーカルの途中でいきなり低音から高音へスライドできるのです。例えば、名曲「イエスタデイ」では、曲の途中でいきなりE4へジャンプするのです。これは女性の叫び声に近い高さです。このように彼は、低音と高音を自在に行き来できたのです。

彼の音程を機械で測定すると、インジケータがピタリとE4を指すのです（それも±0を）！　もちろん、コンピューターが音楽界で使用されるようになるもっと前の時代にレコーディングされた曲です。彼の音程の正確さが分かるエピソードです。

ポールは、高音だけでなく低音も出せました。A1（ピアノの鍵盤で一番低いA、ラ）からA6（ピアノの鍵盤で一番高いA、ラ）まで出せたようです（諸説あります）。

ノン・ヴィブラートの達人

プロの歌手の多くは、ヴォーカルにヴィブラートをかけます。ヴィブラートとは、演奏やヴォーカルで音を伸ばして出す時に、音程を素早く上下させたり、音量を大きくしたり小さくしたりするテクニックです。なぜヴィブラートをかけるかというと、その方がサウンドに余韻が残り、聴いていて心地よくなるからです。

ですから、ヴィブラートをかけずにリスナーを感動させる方がかえって難しいんです。それに音を長く伸ばすロングトーンをヴィブラートなしでやると、声を伸ばすにつれて、自然に音程が下がってしまう欠点もあります。

ところが、こんな不利な条件があるにもかかわらず、ポールは、ヴォーカルにヴィブラートをかけませんでした。なぜかは分かりませんが、ポールは、ヴォーカルにヴィブラートをかけるのが嫌いだったのです。それでも美しい歌声を聴かせました。

具体的な作品

① ハイトーン・シャウト系

ポールは、女性並みのハイトーン・ヴォイス、そして強烈なシャウトでリスナーを圧倒します。代表曲は、「ロング・トール・サリー（のっぽのサリー）」です。

イントロなしでいきなり、天井をぶち破るかのようなポールのハイトーン・ヴォイスが炸裂します。オリジナルは、リトル・リチャードなのですが、ビートルズがオリジナルのキーであるＦを意図的にＧに上げたのは、その方がよりポールのハイトーン・ヴォイスを効果的に使えると考えたからです。

この曲は、アマチュアの頃からカヴァーしているポールの十八《おは》番《こ》であり、その自信も手伝ってキーを上げただけでなく、彼の得意のメロディアス・ベースの腕前も披露して、その音楽的才能の素晴らしさを見せつけています。

② 明るく元気系

ポールの若かりし頃の明るく元気いっぱいのヴォーカルです。「キャント・バイ・ミー・ラヴ」が代表曲です。ビートルズ初の主演映画「ア・ハード・デイズ・ナイト」でも採用されました。雲一つない青空に向かって、大きな声で元気いっぱいに歌っているような気持ちの良い曲です。

③ うっとり系

聴いていて何ともいえないうっとりとした気持ちにさせてくれる曲です。「ヒア、ゼア・アンド・エヴリウェア」がその代表曲であり、とても美しいバラードです。ポール自身、自身の作品の中でも最も誇りに思っている作品の一つです。ジョンも、1980年のプレイボーイ誌のインタヴューで「ビートルズの作品の中で好きなものの一つ」と答えています。

④ お茶目系

ポールが茶目っ気たっぷりのヴォーカルを聴かせます。これは、後期の曲に多く見られます。「オブ・ラ・ディ、オブ・ラ・ダ」が代表曲です。この系列の筆頭に挙がる曲です。聴いていて理屈抜きに楽しく、踊りだしたくなります。ポールも肩の力を抜いた感じで楽しそうに歌っています。

ポールがレゲエの前身であるスカのリズムで作った曲ですが、子どもでも簡単に歌える楽しい曲です。ビートルズの楽曲のジャンルがいかに広いかを感じさせるとともに、はしゃいだポールの歌声を聴くことができます。

⑤ 野太い系

ポールが低音で野太いヴォーカルを聴かせます。「レディー・マドンナ」が代表曲です。「エルヴィス・プレスリーか？」と思わず聴き耳を立ててしまうほど、バリトンでそっくりな声を出しています。実際、ポールは、エルヴィスを意識して歌ったと語っています。ぜひ、上記③のヴォーカルと聴き比べてみてください。

これが同一人物とは信じられないほど、違って聴こえます。

3 ポール・マッカートニーのベース・テクニック

メロディック・ベースの創始者

ポールのベーシストとしての才能は、あまり高い評価を受けていない感があります。ジョンは、後年、「ポールは、最も革新的なベーシストだった。彼が今披露している才能の半分は、まさにビートルズ時代に築き上げられたものだ」と語っています。彼の言葉を借りるまでもなく、ポールは、ある曲を名曲とするためにはどのようなベースが必要なのか、その素晴らしい基準を創造したのです。

ポールのベースの特徴を一言でいえば「メロディック（メロディアス）なベースライン」です。すなわち、まるでギターでメロディーを弾いているかのようなベースです。それまでベースといえば、ルートと呼ばれるコードの最低音を忠実に弾き、コードチェンジの時にネックで指を上下にスライドさせるという、短いパターンを繰り返すことが一般的でした。

ギタリストからベーシストへの転身

ポールは、ビートルズに加わった時点では、ギターを担当していました。しかし、彼らがドイツのハンブルクへ巡業した際、当時ベースを担当していたスチュアート・サトクリフが現地の女性と恋に落ち、そこにとどまってメンバーを脱退することになりました。

ベースがいなくなってしまったので、ポールが担当することになったのです。ここが大きな転機でした。歴史に「たられば」はありませんが、もし、ポールがベースを担当していなかったら、彼の革新的なベース・ランニングが開発されることはなかったでしょう。

ポールが使用したベース

ポールが初期に愛用したヘフナー500/1ヴァイオリン・ベースは、彼が使用するまではそれほど有名ではありませんでしたが、彼が愛用したことにより世界で最も有名なベースになりました。

これはショートスケール（ネックが短いサイズ）のベースで、発売当初は安価なベースでした。ポールは、労働者階級出身であまり裕福ではなかったこともあって、これを選んだのです。小さくてとても軽いことがギターのようにベースを演奏できるという有利さを生み出し、ポール独特のメロディックなベースラインを生み出すきっかけになったともいえます。

ポールは「ヘフナーはとても軽いから、まるでギターみたいに演奏できる」と語っていました。スタジオでのレコーディングが中心になると、大きくて重いリッケンバッカー4001Sを使うようになりました。

ポールのベースのすごさ

① 的確なベースラインの選択

ポールのベースプレイ全体を通じてみられる面白さは、曲全体を的確に把握してベースラインを開発したことです。彼には、ギターやキーボード、ドラムがどんな演奏をすべきかについて確かな考えがありました。そして、彼は、それらの楽器も何度も演奏したため、適切なベースラインを生み出すことができました。コンポーザーとしての能力が傑出していたことも役立ったのでしょう。

② リンゴのドラムとの相性がピッタリ

ロックにおいてベースとドラムは固く結合し、サウンドにエネルギーを与える上で、とても重要な役割を果たします。ベースとバスドラムは、相当な頻度で正確かつ同時に演奏されます。それだけにとどまらず、バンドのノリは、この両者が協調して醸し出されるのです。

とかくそれまでは、「地味で目立たない」印象を与えるベースに光を当て、その魅力を最大限に引き出した功績には多大なものがあるといえます。ポールは、ベースという楽器で「その曲にピッタリと合ったベースを弾き、目立たないように目立った」という神業をやってのけたのです。

具体的な作品で検討してみましょう。なお奏法についても記録がないので、諸説あることにご注意ください。

タックスマン

これは、ジョージの作品ですが、ある意味、ポールのメロディアス・ベースの極致といっても過言ではないでしょう。この作品の彼のベースは、非常にダイレクトかつ明瞭でメロディアスです。

攻撃的といってもいいくらいのサウンドを叩き出しています。

Aメロのベースライン自体は、結構シンプルなパターンの繰り返しです。ベースラインの最初のパターンは、5フレットのコードのルート音のDから始まって、G弦の7フレットのオクターブ上のDへジャンプします。それから、D弦でハンマリング（弦を押さえる方の指で弦を叩く）を入れてGからAへ移り、高音のCへ戻って終わります。

このパターンは、ポールがコーラスに自然に合わせてAから始め、2つ目のコーラスに合わせてGへ下げるまで続けられます。リフの高音のDのところは2度弾きしてるんですね。それまでのベースにはなかった革新的な奏法で、シンプルながら実際に演奏するのはかなりハードルが高いと思います。

ポールは、コードが変わってもベースラインに基準となる音を設定し、ネックの上で自在に指を滑らせ、フレットのどこを演奏してもサウンドとベースラインのリズムはずっとキープしました。圧巻は、Bメロの冒頭で16分音符のスタッカートを刻むところです。ここは、超高速で弾かないといけませんからかなりの難度です。

サムシング

これもジョージの作品ですが、前記の「タックスマン」と双璧をなすといっても過言ではない、見事なメロディック・ベースです。「タックスマン」の攻撃的なベースに比べ、こちらはバラードでしっとりとした情感を漂わせている点が対照的です。

素晴らしいメロディーが流れている間に、思いっきりメロディアスなベースをぶつけています。まるで、コードを行ったり来たりうねるように、曲全体を通してベース・ソロを演奏しているかのようです。

彼は、AメロのCとC7で16分音符の2拍目にクレッシェンドを入れています。これがオーケストラのティンパニーのような打楽器っぽい、劇的な効果をもたらしています。Gへ進行する中で僅かですが、自然なクレッシェンドを入れています。

曲の間ずっと、ポールは、通常のベース・パターンにこだわることなく、リズム感すら一貫していません。ポールは、4分音符、付点付き4分音符、8分音符、16分音符と併せて演奏しています。16分音符は、大体1拍目と2拍目に入れています。彼は、3拍目と4拍目は少しスペースを残す傾向にあります。

ポールは、すべての2～4小節でフレーズを区切るためにハッキリと16分音符を入れ、ジョンとジョージが繊細に協調して演奏するギターとは明らかに異なる、2分音符あるいは4分音符を響かせています。彼は、ベースラインをコードのルート音から始め、コードチェンジの際にサウンドを歪《ひず》ませる傾向にありました。こういう奏法がポールのベースラインを際立ったものにしています。

サビの部分ではコード進行に合わせ、ベースでミュージカルにリードしている点がとても興味をそそる一つの例です。サビの部分で、ポールは、よくアクセントを入れてサウンドを強調しました。スライド、ハンマリング、オクターブ・ジャンプなどの奏法を盛んに取り入れています。これらは彼のベースの特徴ですが、特にサビの部分でそれがよく表れています。

その他の作品

「レイン」「ウィズ・ア・リトル・ヘルプ・フロム・マイ・フレンズ」「ゲッティング・ベーター」「ホワイル・マイ・ギター・ジェントリー・ウィープス」「ヘイ・ブルドッグ」「カム・トゥゲザー」などがあります。一度聴いてみてください。

4 ジョージ・ハリスンのギター・テクニック

ジョージのギター・テクニックについての論争

「ジョージ・ハリスンはギターが上手かったのか？」――この議論は、ビートルズ時代からずっと続いています。特にファンでない人は、かなり厳しい評価を下す傾向があるようです。実際のところ、ジョージのギター・テクニックはどうだったのでしょうか？

内なるライヴァルの存在

ビートルズには、ジョンとポールという2人の天才が存在しました。楽曲のほとんどは彼らの作品でした。ジョージは、彼らが次から次へと制作する作品に的確なギターを合わせるだけでも大変でした。

ただ、演奏に当たっては、ジョージ自身のアイデアも実は結構取り入れられてはいたのですが、それはクレジットされることがないので表には出てきません。

外なるライヴァルの存在

ジョージは2011年、「ローリングストーン誌が選んだ100人のロックギタリスト」で11位に選出されています。

ちなみに1位は、ジミ・ヘンドリックスでした。2位がエリック・クラプトン、3位がジミー・ペイジです。まあ、これは人により好みがありますし、時代によっても変わりますからね。ただ、プロが多数決で決めるとこうなったということです。

こうして名前を眺めてみると分かるように、彼らは、バンドを組んだこともありましたが、ほとんどのキャリアをソロ・プレイヤーとして過ごしています。バンドのギタリストという立場を徹底したジョージとは違って、自由に演奏できたのですね。

ギター・ソロをあまりやらなかった

彼のテクニックへの評価があまり高くない理由の一つとして、ソロ・プレイをあまりやらなかったことが挙げられると思います。特にビートルズ初期の頃の作品は3分未満の短いものが多く、延々とソロ・プレイを披露する余裕がなかったのです。

ジョージは、自分に与えられたパートを演奏する際に、バンドのギタリストとして要求される正確なサウンドを正確なタイミングで演奏することに専念していたのです。

出発点が他のギタリストとは違った

ジミ・ヘンドリックスのような多くのロックギタリストは、ブルース系のギタリストの影響を強く受けています。ブルース系のギターは、コード進行のパターンが決まっているので、アドリブを入れやすいんですね。

ところが、ジョージは、彼らとは違う2人のギタリストの影響を強く受けています。一人は、カール・パーキンスで「ロカビリー界の王」と呼ばれました。もう一人は、カントリーミュージックの大御所、チェット・アトキンスです。エディ・コクランもそうですね。

サウンドの質の高さに拘った

ジョージは、高速のフィンガリングやピッキングのようなテクニックより、サウンドの質の高さに拘《こだわ》りました。ジミ・ヘンドリックスさえ、影響を受けたアーティストの一人としてジョージの名を挙げているのです。

ギターにはフィーリングとメロディーも重要なのです。いくら高速のフィンガリングとピッキングができたとしても、それが曲にマッチしていなければ何の意味もないどころか、ぶち壊しにしてしまいます。

独創的なフレーズを生み出した

ジョージは、曲の魅力を最大限に引き出すフィーリングとメロディーを演奏したのです。彼は、プロとして基本に忠実なプレイを心掛け、大観衆の絶叫の中でも決して揺るぎませんでした。それでいながらユニークなコードを自ら作って、しっかりと曲に貢献していたのです。

ジョージは、より精緻な奏法で、他の同世代のギタリストが見つけることができなかった新たなコードを開発して、よりギターを進化させ新しい時代を築いたのです。

代表的な作品

① シー・ラヴズ・ユー

ジョージは、Aメロが始まる直前に「フック」と呼ばれるちょっとしたアクセントを入れて、リスナーの耳を引き寄せています。あくまでメインはジョンとポールのヴォーカルで、それをさりげなくギターでしっかりと支えているところが、いかにも彼らしいですね。

② ア・ハード・デイズ・ナイト

鮮烈なインパクトをもたらしたあのイントロは、ジョージ・ハリスンのリッケンバッカー360/12のサウンドが特に大きく貢献しています。アウトロのアルペジオも、まるで真珠の輝きのようにキラキラ輝いています。

③ ノーウェア・マン(ひとりぼっちのあいつ)

間奏のギターは、間違いなくジョージの発想であり、彼の華やかなギター・ワークの真骨頂ともいえます。最後のピーンという1弦5フレットの冴えわたるハーモニクスも小気味の良いアクセントになっています。

④ サムシング

ジョージがビートルズ時代に作った屈指の名曲であると同時に、これが収録されたアルバム「アビイ・ロード」全体を通して彼のギターが冴えわたっています。

彼のギターは、それまでのどの曲におけるそれより甘美な深い味わいを持つラインを奏でています。これは、彼のギターに対する信頼をさらに高め、彼の楽器や創造的な音楽との関係をより深めていったのです。

⑤ ヒア・カムズ・ザ・サン

作品自体も名曲ですが、ジョージのギターが奏でる不思議なフィーリングのコードとメロディーは、ある意味、彼のテクニックを典型的に表しているといえるかもしれません。彼は、アコースティック・ギターの7フレットにカポタストを装着し、シンコペーションを使ったヴォーカルに上手く重ねています。

高いポジションでカポタストを使ったことで、ギターがマンドリンのようなサウンドになるという効果が得られました。実に美しくウットリさせられるサウンドです。

⑥ ジ・エンド

この曲のレコーディングに当たり、ジョンとジョージのどちらがギター・ソロをやるか決めかねていたんです。そこで、ポールが「じゃあ、3人でソロをやろう」と提案し、彼が先行してソロを始め、ジョンとジョージが続きました。

まるで嵐のようなギター・ソロが荒れ狂いましたが、信じられないことに、これはワンテイクで決めたのです。同じことをもう一度やれと求められてもできなかったかもしれません。

5 ビートルズのサウンドを最初に変えたのはジョージ

サウンドを加工することに目覚めた

① エフェクターが発明された

1950年代にはすでに、レコーディングしたヴォーカルにスタジオでの編集でエコーをかけるなどの加工は行われていました。しかし、ビートルズはそれに飽き足らず、さらに様々な加工を加えて新たなサウンドを作ろうとしました。そして、そのきっかけを作ったのはジョンでもポールでもなく、ジョージでした。

ジョージは、エレキギターのサウンドを変えるためにファズを使おうとしました。「ファズ」とは、エレキギターのサウンドを歪《ひず》ませるために使うエフェクターの一種です。これを使うとギターのサウンドが歪んで、いかにもロックっぽいサウンドに変わります。

エンジニアのミスで偶然生まれた歪んだサウンドが面白いとミュージシャンの間で評判になり、それを製品化したのがファズです。ファズが効果的に使用された例として有名なのは、ローリング・ストーンズの「サティスファクション」のイントロですね。

② ジョージがファズを使用した

世界初のファズは1962年に発売されましたが、ジョージは、早くも翌年の1963年7月1日の「シー・ラヴズ・ユー」のセッションでこれを使用しました。これがビートルズがサウンドに加工を加えるという、ポピュラー音楽界の新たな扉を開いた瞬間だったのです。

ジョージは、レコーディングではペダルを使用しました。彼は、これでソロのスキルをワンランク上げましたが、まだこの時点ではヴォリュームを絞っていたと思われます。しかし、ファズを使ったサウンドは、最終テイクでは使用されませんでした。

ジョージに刺激を受けたジョンも同年9月11日、ジョージの処女作である「ドント・バザー・ミー」のレコーディングの際に、ファズをリズムトラックで試験的に使いました。その効果に驚いた彼らでしたが、プロデューサーのジョージ・マーティンはクラシック畑出身のせいか、そのサウンドは不快にしか聴こえず採用されませんでした。

結局、ファズはお蔵入りとなり、2年後にジョージの「シンク・フォー・ユアセルフ」でやっと使用されました。「イエス・イット・イズ」でも、ヴォリューム・ペダルが使用されていることがよく分かります。

③ ファズの代わりにトレモロを使用

ジョージは、ファズの導入は断念したものの、まだ何か新しいことを試したいと思い、エンジニアのノーマン・スミスに「このギターにコンプレッサーを付けられないか？　オルガンみたいなサウンドにしたいんだ」と相談しました。そこで彼らが思いついたのが、ジョンのアンプのトレモロを使用することでした。これによって、サウンドにリズミックな揺らぎを表現させることができたのです。

エフェクターこそ使わなかったものの、これは、ビートルズがスタジオでギターのサウンドに電子的な効果を使用した最初の例となりました。しばらくして彼らは、スタジオ・ミュージシャンとして様々な音楽的実験を行い、それらをことごとく成功させたのです。

インド音楽の導入

ビートルズの主演映画「ヘルプ！」で、ビートルズがインド料理店に行くシーンがありました。ジョージがそこでシタールの演奏を耳にした時、脳内で何かのスイッチが入ったように、彼は、その魅力に取り憑《つ》かれました。

ジョージは、有名なシタール奏者であるラヴィ・シャンカルを何度も訪ね、彼のレコードを購入しました。そのレコードをかけると、ジョージは不思議な感覚にとらわれたのです。

ビートルズは、1966年にはツアーをやめていたため、より深く音楽を聴いてミュージシャンとしての技術を磨く時間がありました。実験する時間もあり、いろいろなことを意識するようになったのです。

ビートルズの他のメンバーが自宅でインスピレーションを得る一方で、ジョージは、東のインドにインスピレーションを求めに行きました。ジョージの2人目の妻だったオリヴィアは、ジョージがとても好奇心が強くて、何かに夢中になるとすべてを知りたがった、と語っています。

ジョージはシタールを購入し、早速「ノーウェジアン・ウッド（ノルウェーの森）」で演奏しました。彼は、シャンカルに数回レッスンを受けただけですが、それで彼のシタールが上達しただけではありません。突然、彼のギターがインド風のサウンドを奏でるようになったのです。

これ以来、ジョージのギターは、より弾力性がありかつ非常に正確になったといわれています。シタールの滑らかなサウンドが彼のギターを変えたのでしょう。シャンカルがシタールを弾くようにギターを弾くことで彼は変わりました。

「ルーシー・イン・ザ・スカイ・ウィズ・ダイアモンズ」を聴くと、ジョンの幻想的なヴォーカルに合わせて、ジョージがギターでメロディーを弾いているのが分かります。解散後にジョージは、スライド・ギターの才能を開花させますが、それは多分にこの経験から来たものでしょう。

モーグ・シンセサイザーの導入

ジョージは、アルバム「アビイ・ロード」の制作に当たり、モーグ・シンセサイザーを導入しました。ビートルズは、アルバム中の4曲にこれを使用しました。「マックスウェルズ・シルヴァー・ハンマー」「アイ・ウォント・ユー（シーズ・ソー・ヘヴィー）」「ヒア・カムズ・ザ・サン」「ビコーズ」です。

動画サイトで「ヒア・カムズ・ザ・サン」のシンセサイザーのサウンドを分離したトラックをぜひチェックしてみてください。実に素晴らしいサウンドで、これがいかにこの曲の完成度を高めているかが分かります。

開発者のモーグは、ただシンセサイザーを開発しただけで、どう使いこなすかはユーザーにお任せで、取扱説明書すらなかったのです。しかし、ジョージは、レコーディングに使えるまでになっていました。

6 リンゴ・スターは天才ドラマー

はなはだ残念なことですが、ビートルズ・ファンを自認している方の中にすら、リンゴ・スターのドラム・テクニックを評価していない方が少なからずおられるようです。彼が天才ドラマーであることを説明します。なお、テクニックやサウンドをどう分析するかについては様々な見解がありますので、あくまでその中の一つとお考えください。

ユニークなドラミング

リンゴのドラミングは、一言でいい表すと「ユニーク」でした。これには2つの意味があって、テクニックとしてという意味と、サウンドとしてという意味です。

彼のテクニックは、一流のドラマーから見てもどうやってあのサウンドを出しているのか分からないところが多いのですね。そのため、彼のドラミングを「マジック・スティック」「マジック・タッチ」と呼ぶ人もいました。

もう一つは、サウンドのユニークさです。当時、彼は、誰もが考えもしなかったようなユニークなサウンドを叩き出したのです。

左利き故のユニークなサウンド

リンゴは、左利きです（正確には両利き）。実はドラマーにも右利きと左利きがいるのですが、ドラムセットは、右利き用にセッティングされているのが普通です。フェスなどで多くのバンドが交代で演奏する場合、いちいちドラムセットの位置を変えられないからです。

ドラマーは、演奏の中で「タム回し」といって、並べられたドラムを右回りに順番に叩いていきます。ほとんどのドラマーは、右手でリードしながらタム回しをしますが、リンゴは、左手でリードしていました。そのため、彼のドラミングには普通とは異なる独特なサウンドやフィーリングが際立っていたのです。

リンゴ独特のスティック捌《さば》き

リンゴのドラミングは、ワイパーが車のフロントガラスを洗うように、ハイハットをスティックで左右に叩くところに特徴があります。こうすると割に遅いタイミングで叩くことができます。よくドラムのテンポがどんどん速くなってしまうことがありますが、それは、タメがないからなのですね。

しかし、リンゴは、左右にスティックを振ることでタメを作って、タイミングをあえて遅らせていたわけです。リンゴは、こうすることでグルーヴ感を出せることを誰から教えられることもなく、自分で編み出しました。

フック作りの天才

フックとは、リスナーの耳を引き付ける印象的なサウンドのことです。リンゴは、これを作るのがとても上手かったのです。「カム・トゥゲザー」では、イントロからまるで部族のダンスが始まるかのような、印象的でゾクゾクするドラミングが聴こえてきます。そのサウンドにリスナーは、思わず引き付けられてしまいます。

曲の進行に合わせて自在にタッチを変えた

リンゴは、曲調の微妙な意識や状況の変化を、同じメロディーでも叩き方を変えることで巧みに表現していました。リンゴは、ちゃんと曲の意味や状況の変化を理解して、それにピッタリ合うサウンドを提供していたのです。「ヘルプ！」では、曲中で主人公の気持ちの変化を見事に再現しました。

具体的な作品

① ヘルプ！

1番と2番の冒頭では、リムショットというテクニックを使用してスネア（小太鼓。音楽隊などで使われる）を叩いています。リムショットとは、スネアドラムのスキンをスティックの先端で叩くと同時に、周囲のリムと呼ばれる金属部分をスティックの中程のところで叩くテクニックです。

「ヘルプ！」の前半ではリムショットを使って、「スッコーン」といった金属音が混じったサウンドが聴こえます。ところが、ブレイクを入れた後のサウンドは、同じメロディーでも明らかに違っていて「タン、タン」という静かなサウンドに変わり、金属音は聴こえてきません。ここがリンゴのすごいところで、たった1台のスネアで違うサウンドを使い分けて、曲全体の流れを正確に表現しているのです。

② トゥモロー・ネヴァー・ノウズ

リンゴがこの曲のために開発したとされる、変わった歪《ひず》んだビートです。タイトルとともに、この曲を聴いた瞬間の感覚にピッタリとマッチしています。

曲の冒頭から最後まで繰り返される印象的な「ドン、タット、ド、タタン」というリズムパターンは、リンゴがハイハットのフットペダルを2拍踏み、クラッシュシンバルを右手で叩き続け、このサウンドがずっと響いている間にバスドラムを3拍、左手でスネアを1拍、タムを2拍連続して叩くことにより演奏しました(映像が残されていないので、様々な資料から推察しました)。

特に最後のタムをドラッグといって、2拍連続で叩いて大きなシンコペーションを作ったこと（タタンの箇所）により、空間で重金属が捻《ね》じ曲がるような幻想的な雰囲気を引き出すことに成功しました。そのため「このテクニックには100万ドルの価値がある」と評価する人もいます。

③ レイン

リンゴのドラムは、ポールのベースととてもよく絡んでいます。リンゴがスネアでフィルインを入れたところに、ポールがベースを正確に合わせています。このコンビネーションが実に素晴らしいです。

フィルインとは、ドラムのリズムを一定に刻み、その最後あるいは曲の繋ぎの箇所で即興的な演奏を入れ、変化をつけることです。ベースとドラムは、必ずしもシンクロしているわけではなく、互いに別々のことをやっていながら見事に協調しています。

リンゴのテクニックによりこの作品のドラムは、階段から下へ水がゆっくりと流れ落ちるような、じめっとした重厚なサウンドになりました。これは、近代的なロックのリズム・パターン、特にベースとドラムが協調するスタイルを確立したという意味において、中期のビートルズを完成させた作品の一つとして挙げられます。ロック・ミュージックといえば、アップテンポなノリノリの曲だというのがそれまでの常識だったのに対し、ビートルズがそれに重厚さを与えるという革命をもたらしたのです。

④ チケット・トゥ・ライド（涙の乗車券）

この作品は、轟《とどろ》きわたるビートからスタートし、スマートに走り、フェイドアウトでテンポが速くなるという、車で楽しく疾走するかのような演奏です。そして、ジョンは、この作品を「最も初期のヘヴィーメタル・ロックの一つ」と好んで呼びました。

確かに、あの重厚な地鳴りのようなサウンドは、テンポこそゆったりとしているものの、もっとアップテンポに変えれば、そのまま後年のヘヴィー・メタルに変身するでしょうね。フェイドアウトで逆にテンポアップするというのも斬新なアイデアです。

リンゴは、イントロで両方のスティックで同時にスネアとタムを叩いていますが、普通、こんな変則的なことはやりません。これも彼のユニークさを物語っています。

7 見落とされがちな
コーラス・テクニック

コーラス・グループとしても抜群だったビートルズ

ビートルズといえば楽曲の素晴らしさに注目が集まりがちです。しかし、彼らは、抜群のコーラス（ハーモニー）テクニックも持っていたのです。そこにスポットを当てると、まさに「コーラス・グループ」と称してもおかしくありません。

それほど彼らのコーラス・テクニックは、他のコーラス専門のグループと比較しても遜色《そんしょく》がないほど際立って優れていました。しかも、彼らは、楽器を演奏しながらコーラスを行っていたのです。

他のコーラス・グループは、ほとんどの場合、それを専門にしていて楽器を演奏することはありません。これは、それだけヴォーカルによるコーラスのテクニックが複雑で、才能に加えて大変な努力を重ねる必要があるからです。チームワークも重要な要素ですし、音楽理論による裏付けも欠かせません。

しかし、ビートルズは、天賦の才能に恵まれていたとはいえ、正当な音楽教育も受けていませんでした。それで、あれだけのコーラスを完成させたのですから、その天才ぶりには感嘆させられます。

理論より実践で体得したテクニック

彼らのコーラス・テクニックに関する詳しい記録が残っていないので必ずしも明確ではないのですが、2021年に公開されたドキュメンタリー映画「Get Back」で、その一端が映像と音声ではっきりと確認できました。

あの作品で、彼らがスタジオで楽譜もなく、リード・ヴォーカルにハーモニーをこんなふうに合わせたらどうだろうと試行錯誤しながら、1曲のコーラスを次第に完成させていく過程が明らかになりました。この時のセッションは、彼らの末期に当たる1969年ではありますが、このスタイルは、バンドを結成した当時からほとんど変わっていないと思われます。

きわめてプリミティヴ（原始的）なスタイルですが、だからこそ従来の音楽理論にとらわれず、ユニークなコーラスを展開できたとも考えられます。ビートルズは、コーラスについてアメリカで1950年代後半から活動していたエヴァリー・ブラザーズという2人兄弟のデュエットを参照したようです。彼らのコーラスワークに影響を受けたのは、ザ・ビーチ・ボーイズやサイモン&ガーファンクルなど、そうそうたるアーティストたちです。

楽曲によってハーモニーも変化をつけた

ビートルズは、斬新で楽曲にピタリとハマるハーモニーをスタジオで実際に合わせながら探っていきました。その結果、ヴァラエティーに富んだ様々な種類のハーモニーが誕生したのです。それを一つ一つ分析してみると、こんな複雑なことをやっていたのかと驚きます。

誰でもそうですが、一度成功すると同じパターンを続けたくなります。その方が無難だからです。しかし、彼らはそれを良しとせず、曲に最も合うコーラスを探求しました。彼らの楽曲を何度聴いても飽きないのは、作詞作曲や演奏のアレンジだけではなく、コーラスにも様々な創意工夫を加えていたことも大きいのです。

同じアルバムの中に収録された楽曲でも、様々なテクニックがちりばめられていたのですが、リスナーの多くは、それをはっきりと認識するわけではありません。これは、演奏にも共通する特徴なのですが、ビートルズは、すごいことをひけらかすことなく、サラリとやったバンドなのです。ですから、同じアーティストの楽曲で同じジャンルなのに、なぜ違うように聴こえるのか不思議な感覚にとらわれるのです。

3声のハーモニー

彼らの強みは、ジョン、ポール、ジョージの3人がそれぞれのパートでハーモニーを構成するという「3声のハーモニー」ができたことです。もちろん、コーラスは2人でもできるのですが、そこへもう1人が加わることで一気にサウンドの厚みが増し、ゴージャスに聴こえます。

ざっくり説明すると、主にジョンが低音域、ジョージが中音域、ポールが高音域を担当しましたが、これも楽曲によって変えました。おまけにすごいのは、同じ楽曲でも途中で担当のパートをサラリと入れ替えたことです。それも楽器を演奏しながらですから、信じられません。

特に、ジョージは、リードギターというソロを伴うテクニックが必要な楽器を担当しながら、メインヴォーカルとは異なる非常に複雑に変化するコーラス・パートを担当するという、アクロバティックなことをやっていました。彼の存在なくして、あの素晴らしい数々の名曲は存在しなかったといえるでしょう。

基本の3度から出発して斬新な変化をつけた

ハーモニーの構成は度数で表記されます。同じ音程の音を1度とし、一つ上下すると2度になります。例えば、最初の音がドなら一つ上がレです。このハーモニーは、「何度と何度の音を重ねている」というように表現します。

最も基本的なハーモニーの構成は3度です。例えば、小学校の音楽の授業でも学習する和音（コード）の「ド・ミ・ソ」は英語ではCと表記されますが、ドから3度上がミ、その3度上がソです。こうして人の耳に最も心地よく聴こえるよう考え出されたのが和音です。

しかし、ビートルズは、コーラスにおいてもこの基本から出発して、どんどん自分たちの好きなように斬新に変えていきました。そのために実にヴァラエティー豊かなコーラスが誕生したのです。

声質の違い

3人の声質に違いがあることは偶然ではありましたが、素晴らしいハーモニーを生み出す源泉となりました。ジョンは、パワフルでヴェルヴェットの生地のようなややザラついた感じの声、ポールは、高音が得意で甘いけれど力強い声、そしてジョージは、やや細めながら優しい声です。

声質が似ていた方がコーラスとしては美しいかもしれませんが、3人がそれぞれ違う声質を持っていて、それが奇跡的に歯車のように上手くかみ合ったことも素晴らしいハーモニーを生んだ一つの要素だといえます。

次の項では、具体的な作品のコーラスにスポットを当てて解説します。

8 コーラス・テクニックなら これを聴け！

具体的な作品で彼らのコーラスがいかに素晴らしいかを解説します。紹介するだけでも一冊の本が出来上がってしまうくらいですが、そうもいかないのでいくつかの曲に絞り込みます。彼らの独創的なコーラスワークが光っているのは、特に前期の曲に多いですね。

プリーズ・プリーズ・ミー

ビートルズの2枚目のシングルで、彼らを一躍スターダムに押し上げたヒット曲です。ジョンは、AメロでキーをE（ミ）でスタートしてメインヴォーカルのメロディーを歌いますが、驚くべきことにポールは、同じEでずっと同じ音程でハーモニーをつけているのです！

これを3度上げた音程で同じメロディーを歌えば普通のハーモニーですが、ポールは、そんなことは全く頭にないといった感じで歌い、それが素晴らしいハーモニーになっています。そして、ジョンが音程を微妙に上げ下げしてヴォーカルに抑揚を付けている箇所は、ポールも完全に同調しているので何ら違和感を覚えません。

ポピュラー音楽のはずなのに、なぜかクラシック音楽の交響曲を聴いているような不思議な恍惚感にとらわれます。ポールは、子どもの頃からバッハのファンですが、ひょっとしたら無意識にそれっぽいアレンジを取り入れたのかもしれません。

続くブリッジ（Bメロ）は、ジョンが「カモン！」と音程を少しずつ上げて4回歌い、ポールとジョージがそれを追いかけて、それぞれ違う音程でハーモニーをつけています。何がすごいって、コーラスが2～4回にかけて次第に音程を上げていくことです！これでこの楽曲が盛り上がるのです。

当時、ポピュラー音楽でこんなテクニックを使ったのは、おそらく彼らが初めてでしょう。その独創性と仕上がりの素晴らしさには畏敬の念すら覚えます。

シー・ラヴズ・ユー

ビートルズにとって初めてとなったミリオンセラー曲です。楽曲全体を通してジョンが低音部を、ポールが高音部を担当するツイン・ヴォーカルが美しいハーモニーを織りなしています。さらに、ジョージがところどころでコーラスを重ねてよりヴォーカルに厚みが増し、ゴージャスになっています。

曲中で何度も「イェ～！」と歌うのは、エヴァリー・ブラザーズの「テンプテーション」を参考にしました。サビの直前に「フ～！」とコーラスが入りますが、これはアイズレー・ブラザーズの「ツイスト・アンド・シャウト」の影響を受けたものです。

圧巻は、エンディングの「イェ～！」という3人のコーラスで、6度のコードをジョージがメジャー6を、ジョンが3を、ポールが5をコーラスしました。彼らが試行錯誤の末にたどり着いた素晴らしいハーモニーです。これを聴いたプロデューサーのジョージ・マーティンは「アンドリューズ・シスターズ（アメリカのコーラス・グループで1930～60年代に活躍した）みたいだ」と古くからあるコードだと指摘しましたが、彼らは耳を貸しませんでした。古いコードを使ったことで、かえって新鮮に聴こえたのですから不思議です。

ヘルプ！

イントロなしで、いきなりジョン、ポール、ジョージの3人がコーラスで「ヘルプ！」とシャウトします。驚きなのは、Aメロでジョンが「♪When～」と歌い出す前にポールとジョージが、ジョンの歌詞を先取りして「♪When～」とコーラスを入れることです！　コーラスは、同じ歌詞で音程を変えて同時に歌うか、メインヴォーカルを追いかけるのが一般的なので意表を突かれます。

次に、ジョンの「♪I was young～」というヴォーカルをポールとジョージが、今度は後追いしてコーラスを重ねます。その後、同時にコーラスを重ねるという一般的なパターンになります。つまり、3種類のパターンを一つの曲の中に入れているのです。おそらくポピュラー音楽でこんなことをやったのは彼らが初めてでしょう。

ノーウェア・マン（ひとりぼっちのあいつ）

ビートルズお得意のイントロなしでヴォーカルから始まる楽曲です。こちらももうそのくらいでは驚かないぞと思っていたら、なんとアカペラのコーラスでまたまた意表を突かれてしまいます。

メインヴォーカルはジョンで、ポールとジョージがコーラスを付けています。アカペラの部分は、ポールが高音のパートで前半はメインヴォーカルのメロディーと同じですが、後半は違うメロディーにしています。ジョージのパートは低音部ですがもっと複雑で、メインヴォーカルのメロディーとは全く異なるコーラスをつけています。

サビに入るとポールとジョージは、「♪ア〜、ラ、ラ、ラ、ラ」と実に美しいハーモニーを付けています。そして、エンディングではポールだけがとても高い音程になっていて、見事に楽曲を盛り上げて終わります。

ペイパーバック・ライター

これも奇想天外なコーラスが付けられていて驚きます。メインヴォーカルはポールで、ジョンとジョージがコーラスを付けているのですが、普通ならメインヴォーカルと同じ歌詞を歌うはずなのに全く違う歌詞を歌っているのです。

3番と4番で「♪ラ〜ラ〜」とコーラスを入れているように聴こえますが、実は、日本では「グーチョキパーで何つくろう」でよく知られている、フランスの童謡である「フレール・ジャック」の冒頭の歌詞を繰り返しています。

「♪フレール・フレール・ジャック」と歌っているのですが、正確に再現すると、ジョージはなぜか「フ」を省いているようです。ポールが、ジョンとジョージに子どもの頃を思い出させたいと遊び心で入れたコーラスですが、相当耳が良い人でなければ聴き取れないと思います。

ビコーズ

これもまた珍しい楽曲で、ヴォーカルがすべて3人のコーラスで構成されていて、ソロヴォーカルは一切ありません。3人が歌っているのですが、2回オーヴァー・ダビングしているので、トラックは9人分のヴォーカルが重なっています。つまり「トリプル・トラッキング」です。これにより、重厚なヴォーカルが制作されました。レコーディングでメンバーは、音程は誰も全く外していないのですが、同時に歌って完全にピタリと合わせるのはさすがに難しくて、何十回もテイクを重ねました。

ジョンは、中音域のメインヴォーカルを歌い、ジョージは、やや低いハーモニーを歌い、ポールは、ファルセットで高音域を歌いました。決して独創的といえるようなコーラスワークではありませんが、歌が始まってすぐにジョンとジョージのパートがサラリと入れ替わるという、彼らの得意技が仕込まれているところが心憎い仕掛けです。サビのパートが一番難しいかもしれません。

この他にも「ジス・ボーイ」「イエス・イット・イズ」「チケット・トゥ・ライド（涙の乗車券）」「ドクター・ロバート」など、素晴らしいコーラスが披露されている楽曲がたくさんあります。ぜひ、チェックしてみてください。

第4章

ビートルズの裏話あれこれ

The story behind The Beatles

1 あの曲を書いたのは ジョンか？ ポールか？

意外にややこしい本当の作者

① 初期は本当に共作していた

ビートルズの楽曲のほとんどのクレジットは、「レノン＝マッカートニー」となっています。これはジョン・レノンとポール・マッカートニーが共作したということを示しています。ジョンとポールの２人とも作詞も作曲もこなしたことが、話をややこしくしている要因です。

実は、共作といっても楽曲によって２人の関わり方が異なり、フィフティ・フィフティに近いものや、一方がメインで他方がサブ、そして完全にどちらかが一人で作ったと、様々なパターンがあります。さらには、双方が作った未完成の曲を繋ぎ合わせて１曲に仕上げた、なんてアクロバティックな「合作」まであります。

② 後期は別々に制作した作品が多い

後期に入ると、ジョンとポールの音楽の方向性の違いが明らかになり、それぞれ単独で作詞作曲するようになりました。そこには一応のお約束があって、メインヴォーカルを取っている方が制作したと考えられています。

ただ、中には、どちらがメインで作ったかについて、当の本人である２人の間でも主張が食い違っている楽曲があり、ファンの間でもずっと論争が繰り広げられてきました。

以下の分類は、1972年にジョンがインタヴューに答えた内容を元にしています。ビートルズが解散してからまだ間がない頃ですし、ポールもジョンが挙げたリストの中の１曲に異議を唱えているだけなので、ほぼ正確ではないかと思います。ただ、あくまでも２人の記憶に頼っていますから、両者が記憶違いしているかもしれません。実際、諸説が入り乱れているところでもあります。

完全な共作とされている曲

初期の頃の曲のいくつかは、２人が本当に額を寄せ合うようにして一緒に制作した曲であり、貢献度はほぼフィフティ・フィフティです。

「フロム・ミー・トゥ・ユー」「シー・ラヴズ・ユー」「アイ・ウォント・トゥ・ホールド・ユア・ハンド（抱きしめたい）」など、いずれも彼らをスターダムに押し上げたシングルの大ヒット曲ばかりです。

諸説ありますが、完全な共作は、上記の他に「リトル・チャイルド」「エヴリー・リトル・シング」「ホワット・ユーアー・ドゥーイング」「ドライヴ・マイ・カー」「ベイビーズ・イン・ブラック」「エイト・デイズ・ア・ウィーク」「サンキュー・ガール」「アイル・ゲット・ユー」「ザ・ワード」「バースデイ」であろうとされています。

一人がメインでもう一人がサポートしたもの

やがてジョンとポールの音楽の志向が変わるにつれて、一方がメインで作り、もう一方はそれをサポートするスタイルに変わっていきました。

① ジョンがメインでポールがサポートした曲

「ヘルプ！」はジョンが主に制作し、ポールがサポートしました。「助けてくれ！」というタイトルの通り、ビートルズは、世界的なスーパースターになったものの、そのプレッシャーに押しつぶされそうな毎日を過ごしていました。そんな状況に追い込まれたジョンの苦しい心境を曲にしたのがこの作品です。

メインメロディー（主旋律）はジョンが制作したのですが、この曲にはそれだけではなくカウンターメロディー（対旋律）があり、ポールはそちらを担当したようです。メインメロディーだけでも十分に美しいのですが、カウンターメロディーが加わることでサウンドにより厚みが増し、深刻な内容の歌詞にもかかわらずリスナーの心にソフトに響く作品となっています。

② ポールがメインでジョンがサポートした曲

「ウィー・キャン・ワーク・イット・アウト（恋を抱きしめよう）」はポールが基本的な部分を制作し、ジョンのところへ持っていってミドルエイト（ブリッジ）を制作してもらいました。Aメロは「僕たちならできるさ」というポールらしい楽観的な歌詞ですが、ミドルエイトになると、せっかちなジョンが「人生は短いから急がなきゃ」と書いています。こんなところにも2人の作風の違いが表れていて面白いですね。

他には「ホールド・ミー・タイト」「アイ・ウォナ・ビー・ユア・マン」「キャント・バイ・ミー・ラヴ」「シーズ・ア・ウーマン」「アンド・アイ・ラヴ・ハー」「ミッシェル」「ペイパーバック・ライター」「ペニー・レイン」「ウィズ・ア・リトル・ヘル

プ・フロム・マイ・フレンズ」「ゲッティング・ベター」「ウェン・アイム・シックスティーフォー」「シーズ・リーヴィング・ホーム」「イエロー・サブマリン」「グッド・デイ・サンシャイン」「マジカル・ミステリー・ツアー」などがあります。

単独で制作することが多くなった後期の曲でも、意外にもう一方がサポートしていることが分かります。そのことは、2021年公開のドキュメンタリー映画「Get Back」でも明らかになりました。

2人の未完成の曲を合体させたもの

「ア・デイ・イン・ザ・ライフ」は、ジョンの曲にポールの未完成の曲を合体させました。全く違う曲を合体させて名曲を完成させたのですから恐れ入ります。他に「ベイビー・ユーアー・ア・リッチマン」「アイヴ・ガット・ア・フィーリング」があります。

一方が単独で制作したもの

ジョン：「アイ・フィール・ファイン」「チケット・トゥ・ライド（涙の乗車券）」「ザ・バラード・オヴ・ジョン・アンド・ヨーコ」「ドント・レット・ミー・ダウン」など

ポール：「イエスタデイ」「ヘイ・ジュード」「オブ・ラ・ディ、オブ・ラ・ダ」「ゲット・バック」「オー！ダーリン」「レット・イット・ビー」「ザ・ロング・アンド・ワインディング・ロード」など

どちらが作ったか争いのあるもの

① イン・マイ・ライフ

ジョンは、ポールがミドルエイトだけを手伝ったと主張してい

ますが、ポールは、スモーキー・ロビンソンの２曲「ユー・リアリー・ガット・ア・ホールド・オン・ミー」と「ティアーズ・オヴ・ア・クラウン」からインスピレーションを得てメロディー全体を書いたと主張しています。

② エリナー・リグビー

ポールは、恋人のジェーン・アッシャーの自宅にあったアップライトピアノで制作し、完成前にドノヴァンの前で演奏したと主張しています。しかし、ジョンは、1971年のプレイボーイ誌のインタヴューで歌詞のかなりの部分を書いたと主張しています。しかし、ジョンの幼なじみであるピート・ショットンは、この曲でのジョンの貢献は全くないと記憶していました。

ビートルズの研究家は、「イン・マイ・ライフ」は主にジョンが、「エリナー・リグビー」は主にポールがそれぞれ制作したと考えています。ただ、いずれの曲も単独で制作したのではないだろうという点では一致しています。

ところで、作曲ではないのですが「ア・デイ・イン・ザ・ライフ」のミドルエイトの最後で「♫ア〜」とスキャットを入れているのはジョンかポールか、これもいまだに議論されています。SNSではジョンと唱える人の方がやや多いようですが真実は不明です。

というより、ポールは、真実を知っているのに沈黙してるんですね。世間がああだこうだと議論しているのをニヤニヤ眺めて、楽しんでいるのでしょう。これは、制作者に与えられた特権ですね。

2 ビートルズは ビートルズになることを知らなかった

あれほどのスーパースターになるとは

「ビートルズは、ビートルズになることを知らなかった」——ビートルズも含め、デビュー当時のアーティストがその後大成功するなんて、最初から分かっていたわけではありません。しかし、ここではそういう意味だけではなくて、ビートルズが自分たちの楽曲の版権を失ってしまったという、信じられないようなお話に繋がるのです。

彼らは、デビューして間もない頃に結んだ契約が元で、自分たちの楽曲の版権を失ってしまったのです。全く印税が入ってこなかったわけではありませんが、本来なら入ってくるはずの収入の半分ぐらいになってしまいました。

もし、彼らが後にスーパースターになることを知っていたら、当然そんな契約はしなかったはずです。ビートルズが犯した失敗は、その後も尾を引いてメンバー間の確執を生む原因にもなり、解散の一因ともなりました。

ディック・ジェイムズとの出会い

ビートルズの記念すべきファーストシングル「ラヴ・ミー・ドゥ」のチャートは17位でした。マネージャーのブライアン・エプスタインは、レコード会社であるEMIが全くプロモーションしてくれなかったせいだと不満を抱きました。

そこで彼は、音楽出版社にコンタクトすることにしたのです。

当時、音楽出版社は、音楽業界で力を持っており、ミュージシャンがテレビやラジオへ出演する橋渡しをするなど様々な形でサポートしていました。

そういう意味においては、ミュージシャンを売り出す上では、レコード会社より影響力があったといえるでしょう。音楽出版社は、売れそうなミュージシャンを熱心に探し出し、業界に売り込んでいたのです。ディック・ジェイムズはやり手で、1961年に自分の音楽出版社を設立し、イギリスの音楽業界では大変な成功を収めていました。

電話1本で人気番組へ出演させた

ブライアンが、2枚目のシングルとなる「プリーズ・プリーズ・ミー」のアセテート盤をジェイムズに聴かせたところ、彼は「この曲は、チャート1位を取れる」と確信しました。彼は、ブライアンの目の前で、イギリス全土で毎週土曜日の夜に放映されていたテレビの人気音楽番組である「サンク・ユア・ラッキー・スターズ」のプロデューサーのフィリップ・ジョーンズに電話をかけました。

彼は、電話口でレコードをプレーヤーにかけ、電話越しにジョーンズに聴かせました。納得したジョーンズは、1963年1月19日にビートルズを出演させることを決めました。

音楽業界にはズブの素人だったブライアンは、電話一本で人気番組のプロデューサーにまだチャート1位も取っていないビートルズの出演を承諾させるなんて、ディック・ジェイムズとはなんてすごい人なんだと思ったでしょう。

版権を譲渡した

ジェイムズの手際の良さに感嘆したブライアンは、「プリーズ・プリーズ・ミー」と「アスク・ミー・ホワイ」の「パブリッシング・ライツ」（版権）を約束通りジェイムズに譲渡しました。音楽出版業界において確固たる地位を築いていたジェイムズは、まさにブライアンが必要としていた人物でした。

著作権は、自分が作った作品を他人が勝手に使うのを拒否することができる権利のことです。これに対し、版権（原盤権）とはレコーディングしたものを、他人が勝手に使うことを拒否できる権利です。

ビートルズの楽曲の版権を持っていれば、彼らの楽曲がどこかで使用されるたびに印税が支払われます。まさに「金のなる木」ですね。誰かがそれを使用すれば、何もしなくても印税が入ってくるのです。今でこそ一般人でも版権の重要性を理解していると思いますが、1960年代初めにリヴァプールという地方から、何も知らずにロンドンという大都会に出てきた若者たちに理解するのは難しかったのです。

会社を設立した

① 画期的なアイデアだったが

ビートルズの成功が続くと、ジェイムズは、音楽出版業界としては異例のアイデアを思いつきました。ジェイムズは、ジョンとポールに別会社を設立することを提案したのです。イギリスでは前例のない画期的なアイデアでした。

当時のイギリスは極端な累進課税制度になっていて、高額所得者は、収入の実に95%を納税していました。しかし、それは個人の収入に対してですから、版権を管理する法人を設立して、印税収入がそこに支払われるようにすること自体は、節税対策としては合理的な方法でした。

ポールは、ジョンと自分が自分たち自身の会社を設立できると思っていたと後に語っています。確かに会社の一部は彼らのものでしたが、経営権をジェイムズに握られて自分たちの思うようにはできなかったのです。

② 版権をすべて譲渡してしまった

ジェイムズは、彼とブライアンとでジョンとポールのオリジナルの作品を出版するために新たな会社、ノーザン・ソングス社を設立することを提案しました。1963年2月11日、ジョンとポールは、リヴァプールのとある場所に連れていかれ、そこで会社を設立する契約書にサインしました。ビートルズは、「フロム・ミー・トゥ・ユー」「サンキュー・ガール」の版権も譲渡しましたが、まだこの時点でやめていれば傷は浅くて済みました。

しかし、1963年8月14日、彼らは、同年2月28日から3年契約で全楽曲の版権までノーザン・ソングス社に譲渡してしまったのです。これで、彼らがこの期間に制作した楽曲は、彼らのものではなくなってしまいました。

ただし、1965年2月の２回目の契約によりこの条件が変更され、ノーザン・ソングス社は、同年2月11日から1973年2月10日までの８年間、レノン＝マッカートニーが書いたすべての曲の版権を譲渡され、２人の作曲家は、暦年で最低６曲の新曲を同社に提供することになりました。

あまりにもジェイムズに有利な契約だったのですが、ビートルズもブライアンも何の疑問も抱かなかったのが不幸の始まりでした。

持株比率の落とし穴

① 過半数はジェイムズが握った

ビートルズは、節税対策のために法人を設立したところまではよかったのですが、その持株比率はジェイムズ側が51%、ビートルズ側が49%だったのです。これでこの会社は、ジェイムズ側に支配されることになってしまいました。

印税収入をコンポーザーと音楽出版社で半々にすること自体は、当時としてはごく一般的な業界の慣習でしたが、その考えを持株比率に置き換えたのがそもそもの間違いでした。しかも、ジェイムズは、ビートルズが100%自分たちの会社を持てると信じ込ませたのです。

ポールは、人が、楽器とは違って目に見えない楽曲を所有できるなんて思いもしなかった、と後日語っています。

② 画期的なビジネスモデルだったが

「デビュー間もない新人が自分の会社を設立した」というニュースは、イギリスの音楽業界に衝撃を与えました。画期的だったのは、ソングライターが音楽出版社と合同で自分の会社を設立したことです。これは、他のミュージシャンを俄《が》然《ぜん》やる気にさせました。自分で楽曲を制作すれば、音楽出版社やレコード会社に多額の手数料を支払わなくても、自分の印税収入を確保できるのです。

ジェイムズは、このビジネスモデルで大成功を収めることになりました。彼は、ビートルズが楽曲を制作すればするほど、何もしなくても巨額の収入を得ることができました。

ジェイムズは「悪人」だったのか？

① ビートルズの成功に貢献したのも事実

ジェイムズは、ビートルズがデビューした頃から、彼らが成功するために相当力を貸したのも事実です。彼は、ビートルズの初期の曲を積極的に広報し、他の演奏家にカヴァーさせるのを促したり、楽譜の販売による印税の徴収を監督したりしました。また、彼らの曲が過剰にカヴァーされないように気を配り、リリース前に無断で新作が放送されないように、ラジオ局に法的な通知を出したりと、裏方として様々な貢献をしました。つまり、ビートルズの初期の成功は、ジェイムズの力に負うところが大きかったのです。

② 擁護する意見もあるが

ただ、ビートルズの版権の問題については、意見が分かれるところです。「ビートルズが契約書も見ないでサインしたのは、彼らの落ち度である。契約の内容も違法とまではいえない」という意見もあれば、「契約の知識のないビートルズやブライアンを騙《だま》して、版権を取り上げたのは違法ではないにしても、道義的に許されない」という意見もあります。

ジェイムズは、会社の持株比率の意味をビートルズやブライアンに全く説明しませんでした。これはフェアなやり方ではなかったでしょう。現代なら「説明義務違反」に問われるところです。

株式が譲渡された

① 株式が公開された

デビュー当時こそビートルズとジェイムズとの関係は良好でしたが、彼らがスーパースターとなってからは、徐々に関係が悪化していき、マネージャーのブライアンが亡くなってからはさらに悪化しました。

1968年、ジョンとポールは、ジェイムズを彼らが経営するアップルコア社に呼び出し、利益の配分を見直すよう迫りましたが、彼は、首を縦に振りませんでした。1965年にノーザン・ソング社は、株式を上場し、公開会社となりました。つまり、誰でもお金を出せば株主になれることになったのです。持株の過半数を握られていては、どうしようもなかったのです。

② ATVが株式を所有

ビートルズの版権を所有したいと熱望していたのが、イギリスのテレビネットワークATVでした。ジェイムズは、アップルコア社の経営が悪化すると、資産価値が減るのを恐れて株式を売却することにしました。

1969年、アラン・クラインがビートルズのビジネス・マネージャーに就任した数日後、ジェイムズは、ノーザン・ソングス社の株式をATVらに売却しましたが、それは、ジョンとポールが新婚旅行中の出来事でした。

版権を取り戻す闘争

ジェイムズは、ジョンとポールに株式を買い戻すチャンスを与えず、抜け駆け的に第三者に株式を譲渡してしまったのです。私は、違法ではないものの道義的に許されないと思います。長年にわたりビートルズから莫大な収入を得たのですから、まず2人に対して株式を買い戻すチャンスを与えるのがスジでしょう。

ATVは、150万ポンドで買った株式をジョンとポールに230万ポンドで買い取らないかと申し入れましたが、2人は断りました。彼らは、元々は自分たちのものだったのに、大金をはたいて買い戻すのはバカバカしいと思ったのかもしれません。しかし、結果論になりますが、この時に買い戻しておけばよかったのです。

彼らは、株式の公開買い付けでATVに対抗しようとしましたが失敗しました。彼らは、買収を諦め、1969年10月に版権をすべて売却しました。これによりジョンとポールは、完全に楽曲の版権を失ったのです。

マイケル・ジャクソンも所有していた

マイケル・ジャクソンは、ポールと一緒に仕事をした時に、彼から直接版権の重要性を教えられました。1985年に、マイケルは、ポールから得た知識を活かし、ATVが持つ楽曲の版権を4750万ドルで購入しました。その4000曲の内に250曲近くのビートルズの曲が含まれていました。その後、ビートルズの楽曲は、ソニーの子会社であるソニー／ATVが手に入れました。

2017年1月、ポールは、版権を取り戻すためにソニー／ATVを提訴しました。彼は、アメリカの著作権法に基づき、2018年10月から制作者に戻されると主張しました。2017年6月、この訴訟は和解で終結しましたが、和解内容は公表されていません。おそらく、ポール側が金銭を支払い、ソニー／ATVが譲渡したのでしょう。

ポールは、かつて自分が作った曲は自分の子どものようなものだと語ったことがあります。彼にしてみれば、長い間里子に出していた子どもを取り戻したような気持ちなのでしょうか。ビートルズがビートルズになることを知らなかったために、とんだ回り道をしてしまいました。

3 ポール・マッカートニー 死亡説の真偽は？

有名な都市伝説

「本物のポール・マッカートニーは死亡し、替え玉と交代した」——これは、ビートルズファンの間では知らない人がいないくらい有名な噂です。1969年に世界中を駆け巡った噂で、当時は大騒ぎになりました。もちろん、その後、噂は否定されたのですが、今なお水面下で脈々と語り継がれているのです。

どんな噂なのか？

① 交通事故で死亡した

1966年11月9日、午前5時にポールは、友人を訪ねる途中で女性のヒッチハイカーを車に同乗させました。彼女はまさか彼に会えるとは思わず、興奮のあまり、こともあろうに運転中のポールに抱き着いてしまい、彼は、車をコントロールできなくなってしまったのです。ポールと彼女を乗せた車は、道路を飛び出して石垣に衝突し、2人とも死亡しました。ポールは、頭部を激しく損傷したため、歯科のカルテと照合しても被害者が彼であると特定できなかったのです。

② 替え玉と入れ替わった

レコード会社の経営幹部は、記録的な売り上げを失うことを恐れ、ポールが死亡したことを隠し、彼の替え玉を用意することにしました。そして、メンバーの３人もこの措置に同意したのですが、その代わり、ポールが死亡し替え玉と交代したことをアルバムに手掛かりとして残すことにしました。

彼らは、密かにコンテストを実施し、そこで優勝したウィリアム・キャンベルというポールに似た男を替え玉に仕立てることにしました。キャンベルは、少し整形手術を受け、グループで撮影する写真ではポールの位置に納まりました。手術で彼の唇の上に小さな傷跡が残りましたが、それを除けば成功でした。

そして、幸運なことにキャンベルはヴォーカルができ、ポップなメロディーを作成できる卓越した耳を持つソングライターでした。おかげで「替え玉作戦」は見事に成功し、その後も解散するまでビートルズは活動を続けることができたのです。

噂はラジオで拡散した

① アルバム・ジャケットに手掛かりが

ポールが死亡したという噂は、ビートルズのメンバー間の不和が一般にも知られるようになった1969年に広まり始めました。噂の出どころは、1969年秋に、ある大学の学生が新聞に書いた記事だとされています。そして、この噂がデトロイトのラジオ局で放送されると、一般の人々の間にたちまち拡散したのです。

WKNR-FMのディスクジョッキーだったラッセル・ギブは、トムと名乗る男から奇妙な電話を受けました。彼は、ギブにポール・マッカートニーは1966年に死亡し、その後彼の顔が変わったと語ったのです。

彼は、ポールが替え玉であることを示す手掛かりが、当時ビートルズの最新アルバム「アビイ・ロード」のジャケット写真に残されていると語りました。ジョンは牧師、リンゴは喪服、ポールは裸足《はだし》（つまり死んでいるということ）、そしてジョージは墓掘り人として、葬式に参列し歩いているのだと主張しました。

② ラジオで拡散

ギブはポールが死亡したという噂は聞いていましたが、ラジオで放送されたことによりリスナーに大きな衝撃をもたらし、その後噂が急速に広がったのです。さらに、雑誌ライフが噂の真相を探るため、スコットランドへ記者を派遣してポールの写真を撮影させようとするほどまで広がりました。

ライフの記者が彼の農場に現れ、ポールの写真を撮影すると彼は怒り、バケツにくんだ水を写真家にぶちまけたのです。記者たちは、すぐにその場を去りましたが、写真は照明が暗かったためにネガティヴなイメージをもたらし、かえって噂が真実であるかのような印象を与えてしまったのです。

ポールは、その写真の掲載を拒否する代わりにライフのインタヴューを受けることにしました。彼は、1969年11月7日号の表紙を飾った記事で、噂を全面的に否定したのです。

死亡説が挙げる根拠

①「ストロベリー・フィールズ・フォーエヴァー」という曲のエンディングで、ジョンが「私は、ポールを埋葬した」と語っている。

②「アイム・ソー・タイアド」という曲のバックで、ジョンが「ポールは死んだ男だ、彼がいなくて寂しい、彼がいなくて寂しい」と語っている。

③アルバム「サージェント・ペパーズ・ロンリー・ハーツ・クラブ・バンド」のジャケットに写っている黄色の花輪が、ポールのベースの形に飾られている。

④「ア・デイ・イン・ザ・ライフ」という曲の歌詞は、ポールが車の事故で死亡したことを暗示している。

⑤アルバム「アビイ・ロード」のジャケット写真に証拠が残されている。

4人が並んで歩いている姿は衣装からして葬列である。ポールは裸足《はだし》だが、死者を埋葬する際に裸足にする地域がある。ポールはたばこを持っているが、左利きなのに右手に持っている。

フォルクスワーゲンのビートルのナンバープレートは、「LMW 28IF」と表記してあるが、これはこのアルバムがリリースされた時に生きていたら28歳であることを示す。

ジャケットの裏面では青いドレスを着た女性が通り過ぎているが、彼女はリタで、ポールが運転していたアストンマーティンに同乗し、不幸な事故に巻き込まれ、逃走したことを示す。

⑥ポールの生前はジョンと同じ身長だったのに、アルバム「サージェント・ペパーズ〜」のジャケットでは、ポールの方が背が高くなっている。
⑦イタリアの犯罪科学の研究チームは、1966年以前とその後のポールの顔写真を比較すると同一人物ではない、と分析した。
⑧1969年にマイアミ大学のヘンリー・トラビー博士が、ポールのヴォーカルである「イエスタデイ」「ペニー・レイン」「ヘイ・ジュード」の声紋鑑定を実施したら全く異なる結果が出た。

フェイク・ニュース

もちろん、これはフェイク・ニュースです。ポールは、アビイ・ロードで裸足になったことについて、テレビ番組のインタヴューでこう答えています。

「その日はサンダルを履いていたんだけど、暑かったから裸足になったんだ。でも、そのことと僕が死んだこととどういう関係があるのかさっぱり分からなかった」「その噂が広まってから、街を歩いていると通行人が立ち止まってじっと僕の顔を見るようになったんだ。これは本物か、替え玉かってね」

MC「あなたは替え玉だという噂です」

ポール「私は彼だよ」(笑)

驚くべきことに、この噂は、いまだに根強く世界中のSNSでささやかれ続けているのです。

もし、本当に1967年以降のポールが替え玉だとしたら、アルバム「サージェント・ペパーズ〜」や「アビイ・ロード」を完成させ、「ヘイ・ジュード」「ゲット・バック」「レット・イット・

ビー」など歴史に残る数々の名曲を制作したことになります。

そして、50年以上も第一線で活躍を続け、今なお世界中でツアーを続けていることになりますが、これでは替え玉の方が本物よりすごすぎるでしょう。

4 ビートルズが歌詞にこっそり仕込んだ遊び心

ビートルズの仕掛け

① 自分たちの歌詞を引用

ビートルズが常にリスナーの期待に応え続けてこられた秘訣の一つとして、素晴らしい歌詞が挙げられます。彼らは、メジャーになるとすぐに、彼らの楽曲が隅々まですべて世間に晒《さら》されていることを知りました。そこで、彼らは、それを逆手に取って、ファンが見つけられるよう遊び心で小さな仕掛けをしていたのです。

ビートルズは、メジャーになってからも様々な仕掛けでファンを楽しませたのです。彼らは、革新的な楽曲やレコーディング方法で数多くの斬新な楽曲を制作して、ファンや音楽評論家を驚かせてきました。しかし、目立たないようにあえてコッソリ仕掛けて、人々がそれに気付くかを試すことも好きでした。

彼らが特に気に入ってよく使っていた仕掛けは、ある楽曲の歌詞の中で自分たちの他の楽曲をそれとなく引用することでした。これは、ある楽曲の歌詞のどこで他の楽曲のどの部分を引用しているか、ファンが探し出すという新たな面白い遊びを提供するだけでなく、自分たちが文化の巨大なインフルエンサーであることを確認するためのものでもありました。

ビートルズは、自分たちが世界の文化の一部となっていることを認識し、自分たち自身の楽曲の歌詞をさりげなく引用することでファンを夢中にさせたのです。以下にビートルズの楽曲の中で、他の楽曲を引用しているものをピックアップしていきます。

せっかくですから、答えを見る前にちょっと考えてみてください。

最も有名な楽曲

① 多くの楽曲を引用した

最も有名なのは「グラス・オニオン」で、ジョンは、この楽曲の中で「ストロベリー・フィールズ・フォーエヴァー」「アイ・アム・ザ・ウォルラス」「レディー・マドンナ」「 ザ・フール・オン・ザ・ヒル」「フィクシング・ア・ホール」といったビートルズの名曲の数々を引用しました。こういってしまえば簡単ですが、こんなに何曲も引用してそれでなおかつあの名曲を作るなんて、やはり天才としかいえませんね。まるで曲芸ですよ。

彼は、歌詞を引用しただけでなくウォルラス（アザラシ）はポールだったというような意味深なラインをそこへ埋め込んだため、世間をザワつかせました。このラインの解釈を巡って、数えきれないほどの論争を生み出すことになったのです。

② ジョンの解説

彼は、プレイボーイ誌のデヴィッド・シェフのインタヴューに答えて、「これは私が『ウォルラス』やこれまで書いてきたすべての曲と同じように、捨て曲を作っただけなんだ」と語っています。相変わらずの彼一流の自己否定ですね。

「もう少しみんなを混乱させるために、『ウォルラスはポールだった』というラインを入れたんだ。元の歌詞のままだと、ウォルラスが私だということになるだろうと思っていた。つまり、『私がその人だ』ということだ。ただ、この曲は、そういう意味だけではなかったんだ」

「『フォックス・テリアはポールだ』とやってもよかったかもしれない。つまり、ちょっとした詩のようなものなんだ。ただ、そういうラインを放り込んでみただけなんだよ」

③ 解説を読んでもよく分からない

このジョンの解説を読んで、皆さんは意味が分かりますか？正直、私は、いまいちピンと来ません。彼の説明自体が詩のようになっていて理解しづらいんです。私なりに解釈すると、アザラシはポールだったの部分は、別に何でもよかったというわけです。

タイトル通りだと、ジョン自身が「ウォルラス」ということになります。しかし、それだと何のヒネりもなくて面白くない。そこで、読んだ人を混乱に陥れるために、あえて全く違う歌詞を放り込んだということです。

しかし、「そういう意味だけではなかった」というくだりはちょっとよく分かりません。これは、ウォルラス＝ジョンということではなかったということを言いたかったんでしょうか？

④ ジョンの狙い通り

彼の狙い通り、世間は、この楽曲の解釈を巡って侃々諤々《かんかんがくがく》の大論争となりました。まさに彼の思うツボでしたね。彼は、いろいろな評論を見ながらニヤニヤ笑っていたのでしょう。

ジョンがこういう仕掛けをやった本意は、彼がビートルズの楽曲を作る時に発揮する力をよく知っていて、自分やビートルズの曲に隠された意味を探している人たちに応える遊びを考えたのです。彼は、たくさんの歌詞の中から引用している箇所を探そうとしている人たちに、たくさんの参考となる資料を提供したのです。

他の楽曲でも引用はある

① ポールも引用

他にも、ビートルズが自分たちの楽曲を他の楽曲で引用した例はいろいろあります。ポールの「レディー・マドンナ」は、ジョンの「アイ・アム・ザ・ウォルラス」の歌詞の一部を引用していますが、実は、これはジョンの「ルーシー・イン・ザ・スカイ・ウィズ・ダイアモンズ」の歌詞の一部を引用しているのです。つまり、ジョンの歌詞を彼自身が引用し、さらにそれをポールが引用したという再々引用です。

「オール・ユー・ニード・イズ・ラヴ（愛こそすべて）」では、自分たちの楽曲をより直接的に引用しています。それは、ポールがエンディングのバック・ヴォーカルで「シー・ラヴズ・ユー」のサビの箇所を歌っています。これは、誰でも気が付きますね。

② ジョージも引用

ジョージがエリック・クラプトンの歯医者への恐怖心について書いた曲「サヴォイ・トラッフル」では、「オブ・ラ・ディ、オブ・ラ・ダ」のタイトルそのものが引用されています。「キャリー・ザット・ウェイト」では、ビートルズは「ユー・ネヴァー・ギヴ・ミー・ユア・マネー」のメロディーを使い、歌詞を少しアレンジして「アビイ・ロード」メドレーの次のパートへの橋渡しをしています。

③ ビートルズの偉大さ

隠れたメッセージや自分たちの作品の引用を含め、リスナーに延々と作品の中で答え探しをさせるといった、これほどまでに巧妙な仕掛けができるアーティストはそう多くはないでしょう。単なるお遊びで傑作を作成することなど不可能です。

しかし、ビートルズは、遊び心を芸術に昇華させるセンスと才能を持っていたのです。そのことが、今日まで彼らが多くの人々から愛されている理由の一つなのかもしれません。彼らは、熱狂的なファンを生み出すために一つの手段を提供したのです。

5 こんな裏話、知ってますか？

映画「ア・ハード・デイズ・ナイト」では吹き替えが検討された

ビートルズが初主演した映画「ア・ハード・デイズ・ナイト」がアメリカで公開されるに当たり、アメリカの関係者は、ビートルズのセリフをアメリカの俳優で吹き替えるかどうかを真剣に検討しました。観客が彼らのスカウス（リヴァプールなまり）を理解できないかもしれないと心配したからです。

確かに、彼らは、かなりなまっていて何を言っているのか分からないセリフもありました。しかし、少々セリフが分からなくても、そんなことは観客にはどうでもよかったのです。彼らは「動いているビートルズ」さえ観られれば満足したのですから。

アルバム「サージェント・ペパーズ・ロンリー・ハーツ・クラブ・バンド」のジャケット写真に掲載された著名人

このジャケット写真には世界中の著名人の写真が掲載されています。ビートルズは、生存している人すべてに許可を求めました。しかし、一人だけ自分から掲載してほしいと申し出た人がいます。それは、天才子役として有名だった女優のシャーリー・テンプルです。

逆に、掲載をいったん断った人物もいました。アメリカ人女優のメイ・ウェストです。どういう理由か分かりませんが、彼女は、ビートルズからの許可の要請をいったんは断りました。しかし、ビートルズのメンバー一人一人が個人的に手紙を書いてお願いしたら承諾してくれました。その時「それで、私は何をしたらいいのかしら？」とのたまったとか。

ペニー・レインに住んでいたのはジョンだった

ビートルズの名曲に「ペニー・レイン」というリヴァプール市内の通りをテーマにした名曲があります。これは、ポール・マッカートニーが子どもの頃に過ごした通りや地域にまつわる懐かしい想い出を曲にしたもので、シングルカットされて大ヒットしました。

というと、いかにも彼がそこに住んでいたかのように誤解されがちですが、実はビートルズのメンバーでそこに住んでいたのはジョン・レノンだけだったのです。

通りの名を示す標識が設置されていましたが、それをファンが記念に盗むようになりました。リヴァプール市は、新しい標識に何度取り換えても盗まれることに業を煮やし、絶対に盗まれないよう塀に直接塗装しました。

ポールは、2018年にアメリカのテレビ番組の企画でここを訪れ右下にサインしました。しかし、これでこの標識の価値が高まってしまったので、誰かが電動カッターを使って周辺を切り取って盗まないか心配です。

「指輪物語」を映画化しようとした

ビートルズは、映画「ヘルプ！」を制作した後、トールキン原作の「指輪物語」を映画化しようとしました。彼らは、スタンリー・キューブリックに監督してもらうよう持ち掛けましたが、断られてしまい実現しませんでした。

指輪物語は、2001年にアメリカでピーター・ジャクソン監督が「ロード・オブ・ザ・リング」として映画化し、大ヒットしました。ビートルズは、それよりずっと早く目を付けていたことになりますが、映画化してもヒットしたかどうかは分かりません。

そのジャクソンが、2021年公開のビートルズのドキュメンタリー映画「Get Back」の監督を務めたのは不思議な巡り合わせです。

ビルボード200のアルバム記録はいまだに破られていない

ビートルズは、ヒットチャートなどでたくさんの新記録を作りましたが、時代の流れで破られてしまったものも多くあります。しかし、そのうちまだ破られていないものがいくつかあります。

例えば、アメリカのヒットチャートとして有名なビルボード200で、「合計ナンバーワン週数が多いアーティスト」として132週というとてつもない記録を持っています。これは、2位のエルヴィス・プレスリーの67週という記録に大差をつけています。

同じくビルボード200において19枚のアルバムでチャートナンバーワンを獲得し、「ナンバーワンアルバムが多いアーティスト」としての記録もいまだに保持しています。これもジェイ・Zの14枚を大きく引き離しています（ジェイ・Zは現役なので抜く可能性はあります）。

ジョンは若い頃からかなりの近視だった

ジョンは、「サージェント・ペパーズ～」の頃からあのトレードマークといえるロイドタイプのメガネをかけるようになりましたが、その頃から視力が落ちたわけではありません。彼は、若い頃からかなりの近視で、メガネをかけていないとボーッとしか見えませんでした。

彼には、「ロックンローラーがメガネをかけるなんてかっこ悪い」という強い思い込みがあり、人前では絶対にメガネをかけた姿を見せませんでした。ですから、ステージでも観客の顔は全く見えていなかったんです。

しかし、アイドルをやめてアーティストに変わった時点で、メガネをかけ、ネクタイを外し、髪を伸ばし、髭も生やすようになりました。「もう外見なんか気にしなくていい」と吹っ切れたんでしょうね。

勘違いされた気の毒なジョージ

フランク・シナトラは、往年の名俳優であり歌手です。名曲「マイ・ウェイ」は、世界中で大ヒットしました。

彼は、ビートルズの「サムシング」に大変感激し、「これは過去50年で最も素晴らしい曲だ」と激賞しました。そして、1970年と80年の2度にわたって自分のレコードに収録しました。この曲が公開された時に、彼は「これは、レノン=マッカートニーの傑作だ」と発言したのですが、ジョージ・ハリスンが制作した曲なんです。

マイケル・ジャクソンも同じ勘違いをしていました。彼がジョージとこの曲の話をしている時、「え？　あなたが書いたんですか？　レノン=マッカートニーだと思っていました」と驚いたとか。あまりの名曲にジョージが作ったとは思わなかったんですね。

ジョンは最も繊細な人だった

これも意外に思われるかもしれませんが、メンバーの中で最も繊細で傷つきやすかったのはジョンです。彼が皮肉を言ったり傲慢な態度を取ったりしたのは、自分の苦手な人が近づかないようにする自己防衛だったのです。

ジョンとポールの古くからの友人であるスチュアート・ケンドール氏からお聞きした話ですが、ジョンは、コンサートの出番が近づくと、緊張のために洗面所で吐いたこともあるそうです。ファンやマスコミの前で見せていた顔とは全然違いますね。

6 レコーディングに参加した唯一のファン

ビートルズには「レコーディングする時は、関係者以外はスタジオに入れない」という不文律がありました。誰が決めたというわけでもなく、自然にそうなっていたようです。それを初めて破ったのはジョンとヨーコでした。プロのミュージシャンですらレコーディングに参加するのでない限り、スタジオに入ることは許されなかったのですから、ましてファンが入ることなどあり得ませんでした。

しかし、ファンの一人にすぎないにもかかわらず、唯一レコーディングに参加できた、とても幸運な人がいました。それがブラジル人女性のリジー・ブラヴォー氏とその友人のゲイリーン・ピース氏です（以下敬称略）。

ビートルズの「追っかけ」として有名だった

① ブラジルからロンドンへ

リジー・ブラヴォー（エリザベス・ブラヴォー）は、1951年5月29日、中流階級の上位層の家に生まれました。1964年にビートルズの音楽に出合って熱狂的なファンとなり、憧れていたジョンが「ディジー・ミス・リジー」を歌ったことから、自分のことをリジーと呼ぶようになりました。

1966年にビートルズがツアーをやめたことを知ると、リジーと友人のデニスは、もはやブラジルでビートルズを観られなくなったことを悟りました。デニスは、15歳の誕生日プレゼントとして、彼女たちをロンドンへ行かせるよう自分の両親とリジーの両親を説得しました。

未成年者のリジーが一人で海外旅行をするには父親の署名が必要なので、海外にいた父親の帰国を待たなければなりませんでした。彼女たちのロンドン旅行の目的はただ一つ、ビートルズを見ることでした。

② 到着した日にビートルズと出会う

1967年2月、リジーは、ロンドンに到着しました。早速、EMIのスタジオがあるアビイ・ロードに赴き、その日のうちにビートルズの4人とブライアン・エプスタイン、マル・エヴァンズの姿を目にしました。いやはや、到着したその日にメンバー全員とブライアンやマルにまで出会うとは、かなりな強運の持ち主ですね。

それ以来、リジーは、ほとんど毎日のようにアビイ・ロードのスタジオビルの前に現れました。ビートルズのレコーディングは、夜はもちろんのこと、午後や夕方にも行われていたので、彼女は、やがて昼間はホテルのメイドの仕事をするようになりました。

彼女は、ジョンやポールの自宅にも押しかけ、よく写真を撮っていました。ある日ポールに呼び止められ、近所から苦情が出ているからやめてくれと言われてやめました。

ついにレコーディングに参加

① ポールに誘われた

1968年2月4日、ビートルズは、ジョンの新曲「アクロス・ザ・ユニヴァース」をスタジオ3でレコーディングしました。この曲は、前日に2テイクがレコーディングされていました。

この日の最初のセッションで「4～7」の4テイクがレコーディングされました。ジョンがアコースティック・ギター、ジョージがタンバリン、リンゴがドラムという構成でベーシック・トラックでした。

夜のセッション（20時～22時）では、テイク7のオーヴァーダブが行われました。ジョンは、メイン・ヴォーカルをレコーディングしましたが、再生時に音程を上げるために、通常よりテープを遅くしてレコーディングしました。

ポールは、高音で女性の声をバック・ヴォーカルに入れることを思いついたのですが、もう夜になっていてプロの歌手を呼ぶには時間が遅すぎました。そこで、彼は、プロの代わりにいつもスタジオの外をうろついている女の子たちが歌えるのではないかと考えたのです。

② ジョン、ポールとレコーディング

その夜、彼らの出待ちをしていたファンは、ほんの一握りしかいませんでした。その日は日曜日で、彼らは、週末にはスタジオにいないことが多かったのです。スタジオのドアマンが親切なことに、寒い外で待っている彼女たちを暖房のきいた建物の中に入れてくれました。

ポールがスタジオの扉を開けて出てきて、「君たちの中で高音を出せる子はいるかい？」と尋ねました。16歳のリジーは、17歳の友人のゲイリーンと一緒にできると申し出て、中に入っていきました。

リジーとゲイリーンは、約2時間、スタジオでビートルズのメンバーと一緒に歌い続けました。彼女たちは、ジョンとポールとマイクを共有していましたが、マイクは2本あり、リジーはまずジョンと歌い、その後入れ替わってポールと歌いました。

この出来事は、「ビートルズ・マンスリー・ブック」3月号に掲載されましたが、それ以外では、少女たちがビートルズの曲に参加して歌わせてもらったことについては、何の騒ぎにもなりませんでした。これも不思議ですね、レコーディングにファンが参加したなんて聞いたら大騒ぎになりそうなものですが。レコーディングしたものの、この曲はお蔵入りになり、しばらく未発表のままとなっていたのです。

「アクロス・ザ・ユニヴァース」がリリースされた

1969年の夏を境に、ビートルズがスタジオやアップルコア社に以前のように頻繁には来なくなりました。彼らの間で何かが起こっていることは、少しずつ明らかになっていきました。どうやら、この頃になるとファンも、ビートルズは解散するのではないかと薄々感じていたようです。リジーは、いよいよ自分の家に帰ろうと決心したのです。

完成した曲を、DJのケニー・エヴェレットが出演するラジオ番組で初めて聴いたとき、リジーは最高の気分を味わいました。

1969年10月下旬、彼女はリオの自宅に戻りました。

そして、1969年12月12日、「アクロス・ザ・ユニヴァース」は、WWF（当時は世界野生生物基金、現在は世界自然保護基金）への寄付金を募るために発売されたコンピレーションアルバム「ノー・ワンズ・ゴナ・チェンジ・アワ・ワールド」に収録され、リリースされました。このアルバムに収録されている曲のバックで、リジーとゲイリーンの歌声を聴くことができます。アルバム「レット・イット・ビー」には収録されていません。

ポールと再会

リジーは、普通の生活を送り、1970年代にはしばらくニューヨークに住んでいました。憧れのジョンと同じ街に住むことになったにもかかわらず、彼に会おうとはしなかったのです。平穏な生活を送っているジョンとヨーコの邪魔をしたくなかったのでしょう。

1990年2月、ポールがブラジルでのコンサートを開催する計画に伴い、インディアナ州でブラジルのメディア向けに開いた記者会見に、リジーは出席しました。ポールは、彼女に見覚えがあると思い、リジーに「どうして僕は、君のことを知っているんだろう？」と尋ねたところ、彼女は、自分の話をしたのです。

彼女がレコーディングに参加した時は16歳、ポールと再会した時は39歳です。容姿もだいぶ変わっていましたが、ポールは、誰とはすぐに分からなかったものの、関わりのある人だと気付いたんですね。昔話に大いに花を咲かせたことでしょう。

①1967年アルバム「サージェント・ペパーズ・ロンリー・ハーツ・クラブ・バンド」がリリースされた際、ポール・マッカートニーの自宅で撮影された写真(スチュアート・ケンドール氏提供)

左からポール・マッカートニー、ミック・ジャガー、スチュアート・ケンドール氏、ジョン・レノン

②ソファでくつろぐポール・マッカートニーとジョン・レノン

第5章

アイドルからアーティストへ、そして解散

From idol to artist, and breakup

1 日本人は ビートルズをどう受け入れたのか？

ビートルズの才能に最初に気付いたのは日本人だった？

村田英雄の「王将」など数々の名曲を作曲した船村徹は、イギリスのEMIとフランスのパテ・マルコーニというレコード会社からヨーロッパに招待されました。船村は、滞在中のロンドンで、偶然ビートルズが参加したオーディションの審査員となり、ビートルズを含めた3、4組がオーディションを受け、彼らを推薦しました。日本に帰国してからしばらくして、ビートルズを見て「あ、あの時のバンドだ！」と気付いたそうです。

船村が2002年に著した『歌は心でうたうもの』という書籍にこのことが書かれているのですが、それ以外にこの事実を裏付ける資料が見当たらないのです。どうやら、ビートルズの才能に最初に気付いたのは日本人とは断定できないようです。

高嶋弘之とかまやつひろし

ビートルズが日本に紹介されてから、最初に彼らの才能に気付いた音楽関係者は、おそらく高嶋弘之でしょう。ヴァイオリニストの高嶋ちさ子の父親であり、俳優の高島忠夫の弟であることでも有名です。

高嶋は、東芝のレコード事業部に所属しており、「プリーズ・プリーズ・ミー」を聴いた瞬間「これは売れる！」と直感し、様々なアイデアでビートルズを日本で熱心にPRしました。彼の努力が実ってビートルズの存在が一般の人々にも知られるようになり、日本でもビートルズの人気が爆発したのです。

ミュージシャンでは、堺正章、井上順らとともにロックバンド「ザ・スパイダース」のメンバーだった、かまやつひろしではないかと思います。

1964年、かまやつは、アメリカ版のビートルズのアルバム「ミート・ザ・ビートルズ」のジャケットを見た瞬間に、これだと直感しました。ビートルズは全体に紗《しゃ》がかかったようなファンタジックな音で、次に来るもののフックを捕まえたという確信を持ち、震えるくらい感動しました。

メンバー全員がこのアルバムで完全にビートルズの魅力に取り憑かれ、レコードやラジオを聴いてコピーし、日本のどのバンドよりも早く正確に、ビートルズナンバーをカヴァーしました。

一般の若者たちにもビートルズは爆発的に受け入れられました。その中には桑田佳祐、松任谷由実、井上陽水、矢沢永吉など、後に大物になったアーティストも大勢いました。

映画「ハード・デイズ・ナイト」が公開された時は、大勢のファンが映画館に殺到しました。欧米だけでなく日本のファンでも、スクリーンに飛び込んだ女性がいました。彼女は、日本のあちこちの映画館を回って、スクリーンへ飛び込みました。ある映画館では、勢い余ってスクリーンを破いてしまい、支配人からこっぴどく叱られました。

彼女は、全部の映画館の壁の感触、つまり、ここは硬いからほどほどにしとかなきゃダメだとか、ここは軟らかいから大丈夫だとかを記憶していました。東京の人なんですが、千葉県、神奈川県、埼玉県や中部地方も回って、何十回も観ました。彼女は、封切りの1週間前に予告編まで観に行ったのです。

日本でも欧米と同じで、知識階級の大人がまず拒絶反応を示しました。彼らのヘアスタイルや強烈なサウンドもそうですが、それよりも女の子たちが絶叫する姿が、あまりにも常軌を逸していたように映ったからです。

生徒と親、教師との闘い

ビートルズは、1966年6月29日に日本に到着し、彼らにとって最初で最後となった日本武道館での日本公演を行いました。しかし、武道館は日本の武道の聖地であり、そこをロックバンドのコンサートに使うなどもってのほかだと保守派などから反対の声が巻き起こり、実際に殺害予告もありました。

1966年のビートルズの武道館公演に反対していたのは、主に知識階級の人々でした。右翼による大規模な反対の街宣運動も起こりました。しかし、この公演の主催社の一つであった読売新聞社の正力松太郎が、読売新聞に社告として受け入れを表明し、反対派を説得して来日が決定したのです。

当時、中学生や高校生だった人は、公演に行かせないようにしようとする親や教師と闘うために、涙ぐましい努力をしました。特に、多くの高校生は、武道館公演なんかに行ったら停学か退学だと脅されていたそうです。

ある生徒は、音楽の教師に誰の曲かは言わずに「イエスタデイ」の楽譜を渡して、ピアノで弾かせ、教師が素敵な曲だと誉めると、ビートルズの曲ですと種明かしして納得させました。

堅物の教師ばかりでもなく、結構大目に見てくれた教師もいたようです。ある教師は、生徒がビートルズのコンサートに行きますと正直に答えると、「じゃあ、気を付けて行ってきなさい」と送り出してくれました。また、ある教師は、来日直前の27日に「君は、どうせ30日は風邪引くんだろ？」と、生徒の行動を見透かしつつ見逃してくれたんです。

ある女性は、たまたま大阪に住んでいる文通友だちが、武道館公演に行くためにお父さんと一緒に東京へ来て、東京ヒルトンホテル（現・ザ キャピトルホテル 東急）に宿泊していたんです。ところが、彼女と一緒に来た友人が公演に行けなくなったので代わりに行くことになり、たまたまビートルズが宿泊しているホテルに宿泊したんですね。

ビートルズは、10階を貸し切っていたので、そこは厳重にガードされていて上がれません。それで、9階まで上がっては下りるということを何度も繰り返しました。上の階にビートルズがいると思っただけで興奮して眠れなかったそうです。

ある高校生の武道館公演体験談

ある男性は、高校3年生の時に退学を覚悟で同級生と2人で行きました。高校の正門はがっちり閉鎖されていたので、塀を乗り越えていきました。京都から東京まで行き、浅草の知人の家に泊めてもらいました。チケットは、その当時存在した京都音響という会社にコネがあって、そこから回してもらったのです。

彼が一番恐れていたのは、警察に補導されることでした。大学生なら大丈夫なんですが、中・高校生だと分かると補導されてしまいますから。幸い、そこは何とか無事に通過して武道館へ入ることができました。

そして、7月2日の最終公演でビートルズを目の前で観たのですが、残念ながらその時の記憶は全くないんだそうです。あまりの興奮で頭が真っ白になったのと、演奏そのものが観客の歓声でほとんど聴こえなかったそうです。

それでもベースの音だけは、はっきり聴こえたそうです。アンプが良かったのか、ポールのテクニックが良かったのか。この男性が聴いた7月2日の最終公演が、来日公演の中では一番出来が良かったのです。

武道館はミュージシャンの憧れの舞台になった

ビートルズの公演以来、武道館は、武道を学ぶ人々の聖地であるとともに、日本のミュージシャンにとっても聖地になっています。ここでコンサートを開くことが、一流のアーティストとして認められたという証拠になりました。「いつかは武道館でコンサートをやりたい」――これが明日を目指す若いミュージシャンたちの合言葉になっています。そのきっかけを作ったのがビートルズだったのです。

ビートルズの感想

日本に対する印象をポールは「最高だった」と、ジョージも「日本は素敵だった。日本人は最高だね」と言ってくれたのが嬉しいですね。これは、彼らが帰国後にイギリスのインタヴュアーに答えたものですから、リップサービスではなく本心ですね。

彼らは滞在中、ちょっとしたイタズラを日本側のスタッフに仕掛けました。スタッフは、ビートルズをサポートするスケジュールを分刻みで細かく立て、その通り正確に動いていたのです。時間に厳格な日本人らしいですね。
　ところが、ビートルズは、そんな彼らの習性に気付いて、わざと楽屋から出てこなかったりしました。すると、ほんの数分遅れただけでもスタッフが慌てふためいて、「ビートルズがまだ来ない！」と大騒ぎになりました。彼らは、その慌てぶりを面白がっていたのです。いやはや、とんだイタズラっ子ですね。

2 ジョン・レノンの大脱走を手助けした男

ホテルに缶詰め状態

　ビートルズ来日に伴い、警視庁は厳重な警備体制を敷きました。ビートルズは、宿泊先である東京ヒルトンホテルに缶詰め状態にされ、武道館との間を往復する以外は一切の外出を禁止されたのです。
　ところが、ジョンは、厳重な包囲網を突破して都内の骨董品店にまでたどり着き、骨董品をお土産として買うことに成功したのです。ジョンが脱出に成功したのは、裏でそれを手助けした日本人スタッフがいたからです。
　ジョンの大脱走を手助けしたのは、入内島《いちじま》登さんというごく普通の会社員でした。そんな彼が、なぜジョンの大脱走の手助けをすることになったのでしょうか？
　1966年4月のことです。当時、入内島さんは、外資系の保険代理店の社長の秘書を務めていました。そして、ビートルズの賠償保険を入内島さんの会社が担当することになったのです。

社長が使っていたピンクのキャデラックを送迎用に貸し出すことになりました。そして、入内島さんは英語が堪能だったため、運転を任されることになったのです。

入内島さんが車に乗せるのはスタッフの予定だったのですが、ビートルズは、ピンクのキャデラックが自分たちを送迎する車だと勘違いして乗り込んでしまいました。入内島さんは驚きましたが、今さら彼らを降ろすわけにもいかず、そのままホテルへ向かって走り出しました。図らずも彼は、ビートルズ専属の運転手ということになってしまったのです。

ジョンの切実な願い

来日2日目の6月30日、ビートルズは、東京ヒルトンホテルを貸し切り、入内島さんもスタッフとして宿泊していました。すると、彼の部屋がノックされたのでドアを開けると、ジョンが立っていたのです。驚いた入内島さんは、彼を部屋に招き入れました。

ジョンは、思いつめた表情で入内島さんにこう語りました。「入内島さん、あなたにお願いがあるんです。僕は、いつか日本に来たら絶対に実現したいと思っていた夢があるんです。骨董品店を自分の足で回って、自分の目で品物を選んで購入したいんです」

入内島さんは、ジョンの突然の申し出に驚きました。ビートルズが宿泊している部屋の前には3人、宿泊客用のエレベーターの前にも3人、廊下にも3人の警官が配備され、人の出入りを常に監視していました。

他にも警備員が数多く配備され、文字通りアリのはい出るスキもありませんでした。ホテルの周囲には警察や機動隊約100人が出動する事態となっていました。

ジョンは、こう嘆きました。「入内島さん、僕らは、どの国に行ってもいつもホテルに缶詰め状態で、自由に買い物さえできやしない。これじゃあ、何のために音楽をやっているのか分からない」。ジョンの悲痛な想いは、入内島さんの心に強く伝わりました。そして、外出を手助けしてほしいという彼の願いも理解できました。

ジョン・レノン大脱走作戦

入内島さんは「一か八かやってみよう。当たってくだけろだ」と、ジョンの願いに応えました。彼は、ジョンをカメラマンに変装させ、信頼のおけるイギリス人スタッフと2人で、日本人スタッフの部屋まで来てもらいました。彼らは、警官がおらず比較的警備の手薄な業務用エレベーターを使って、地下の駐車場に下りることにしました。

入内島さんは、警備員に「ご苦労様です。ちょっとスタッフの人たちと外出してきます」とウソをつきました。警備員は、訝《いぶか》しげに彼らを見つめましたが、外出を許可してくれました。入内島さんは、ジョンとイギリス人のスタッフをシートの下に潜り込ませて、まんまとホテルを脱出したのです。

そして、彼らは、青山、表参道、原宿など都内にある骨董品店を次々と訪ねました。万が一、気付かれてもすぐ逃げられるよう、店の前に駐車していました。しかし、送迎用に使ったピンクのキャデラックを大通りに駐車したために、めざといファンにすぐに見つけられてしまい、ビートルズが店に来ているとバレてしまいました。

僅かな時間だったとはいえ、念願が叶ってお土産をいっぱい抱えて、満面の笑みを浮かべているジョンの写真が残されています。ジョンの大脱走はマスコミにもばれてしまい、大々的に報道されてしまいました。

当然、入内島さんは、警察やライヴ関係者から厳しく叱責され、それ以降ビートルズのメンバーと接触することを禁止され、スタッフの送迎のみを担当することとなりました。元気をなくしていた入内島さんがホテルの地下駐車場で車を止めてスタッフを待っていると、さりげなくその車に乗り込んできた一人の男がいました。それがなんとジョンだったのです！

驚く入内島さんに対し彼は、「じゃあ、入内島さん、今日も送迎をお願いしますね」と笑顔で語りかけてきました。彼は、自分のせいで入内島さんに大変な迷惑をかけてしまった罪滅ぼしの想いから、大脱走以来、スタッフの目を盗んで彼の車を利用し続けていました。

ジョンとの再会

数年後、ジョンが再来日した際、入内島さんの勤務先を探し出し、自分が宿泊しているホテルに招待してくれたのです。どうしてもあの時のお礼が言いたかった、ということでした。外出してお目当ての骨董品を買えたことが、よほど嬉しかったんでしょうね。

入内島さんは、こう語っています。「自分の決断は、本来褒められた行動ではないと思いますが、ジョンにとっては良い息抜きになったのは間違いありません。あの決断をしなければ、ジョンとの絆は生まれなかったと思います。（彼は）私にとっても今でも大親友だと思っています」。入内島さんの勇気ある行動が、ジョンにとって生涯忘れられない想い出になったのです。何だかほっこりするお話ですね。

3 殴られ、蹴られ、命からがらのフィリピン脱出劇

突然の呼び出し

1966年7月4日、ビートルズがツアーでフィリピンを訪れ、マニラホテルのスイートルームに到着したのは午前4時でした。彼らが眠っている間に政府高官が早朝のホテルを訪れ、ビートルズをマラカニアン宮殿までエスコートすると告げました。

政府高官は「これは要請ではない。ビートルズに会いたがっている子どもたちが午前11時に集合する」と冷たく言い放ちました。これは、マルコス大統領夫妻がビートルズに無断で企画したレセプションだったのです。

しかし、マネージャーのブライアン・エプスタインは、スケジュールにない一方的な呼び出しに反発し、午後のコンサートの準備を始める時間になるまで彼らを起こさないと拒否しました。すると、彼は、数分後に英国大使室から電話を受けました。その電話は、大統領夫妻の「招待」をビートルズが断ったら、非常に危険なゲームをしていることになると忠告し、ビートルズがマニラで受けている「援助と保護」は大統領の好意によるものである

ことを強調する内容でした。

ビートルズが宮殿に来ない！

マルコス大統領夫妻は、自分たちがフィリピンの支配者であることを誇示したかったのです。大統領がビートルズを招待すれば、当然、彼らの方から来るだろう。そして、彼らは、音楽ルームで1曲か2曲ぐらいは演奏して我々を楽しませてくれると、固く信じていました。

イギリスの駐フィリピン大使がブライアンに電話してきました。大使は、どのような形であれ、宮殿に招待されてそれを断ったら、彼らを侮辱することになると警告しました。

もちろん、事前の約束もなく強引に宮殿に呼びつけた大統領夫妻が無礼だったことは間違いありません。ビートルズは、眠っていたところを政府関係者に叩き起こされ、「早く来い！　お前たちは、宮殿に行かなければならない」と命令されました。ジョージが断ると、政府関係者は「テレビをつけてみろ！」と怒鳴りました。

テレビをつけると、宮殿からの生中継が放送されていました。多くの人の列ができていて、子どもたちが着飾り、テレビのコメンテーターが「ビートルズがもう来ているはずなのに」とレポートしていました。事情を何も知らなかったビートルズは、呆然《ぼうぜん》とその様子を見ているだけでした。それでも、彼らは、頑《がん》として行くことを拒んだのです。

大変な事態に陥った

ビートルズは、午後4時と午後8時の2回、それぞれ30分ずつ公演を行いました。少なくとも8万人の有料の観客が集まったようです。コンサートは、大きなトラブルもなく終わりましたが、ここから大変な目に遭わされたのです。

2回目のショーが始まる前に、イメルダ・マルコス夫人がテレビに出演し、ビートルズが「招待」を断ったことを強く非難しました。彼らが夜の部を終えてリサール・メモリアル・スタジアムを出た時、停車中のリムジンは、数十人の暴徒に襲撃されました。彼らは、威嚇的に車の窓を叩き、車を揺らし、ビートルズを侮辱し、罵声を浴びせたのです。それでも、彼らは、何とかホテルまで帰ることができました。

その夜、スタッフが記者会見で事情を説明しましたが、彼らの訴えは全く聞き入れられませんでした。さらにビートルズは、ギャラの支払いを拒否された上、何ら法的根拠のない8万ドルもの税金を支払わされました。支払わなければ出国させないというのです。

フィリピンのテレビ、ラジオ、新聞などのマスメディアは、こぞってビートルズがフィリピンを侮辱したと報道し、国民の怒りを煽《あお》っていました。もはや、ビートルズは、フィリピン全体を敵に回してしまったのです。一刻も早く国外へ脱出しないと、生命の危険すらありました。

一刻も早く出国しなければ

ビートルズを守るはずのホテルのボーイやポーターは姿を消し

ていました。荷物を運搬する車の運転手だけが、何とかビートルズを守ってくれたのです。

ブライアンは、彼らが搭乗する予定のニューデリー行きのKLMオランダ航空のオフィスに電話をかけ、パイロットと直接話し、自分たちを置き去りにしないでくれと懇願しました。パイロットは、ビートルズをできる限り待つと約束しました。

空港総支配人が、「ビートルズは、当然の報いを受けるだろう」と警告しました。空港には大勢の反ビートルズの暴徒が押しかけていました。彼らは、全員がフィリピンの政治家の多数派のトレードマークであるアロハを着ていました。おそらく、大統領の命令で駆り出されたのでしょう。

暴徒に襲撃された

ビートルズがマニラ国際空港に入ると、彼らに危害を加えようとする暴徒が、税関・出国審査場の各入り口と、一般の乗客が通過しなければならない検疫場に待ち伏せていました。ブライアンは、暴徒に蹴られて倒れ、足首を捻挫《ねんざ》し、顔面にパンチを受けました。ローディーのマルは、肋骨を蹴られ、飛行機に乗る頃には血まみれになっていました。それでも彼らは、一切反撃しませんでした。下手に反撃していたら、生命の危険に晒《さら》されたかもしれません。最初にして最後の地獄のような体験でした。

一行は、どうにかこうにか飛行機に乗り込み、ホッとして離陸を待っていました。しかし、スタッフに空港へ戻って出国手続きをするよう促す、不気味な機内アナウンスが流れてきました。彼らは、自分たちにどんな運命が待ち構えているか分からない不安を抱えたまま席を立ちました。マルコス大統領がその気になれば、そこで彼らの身柄を拘束していたかもしれません。

しかし、イメルダ夫人の弟が騒ぎを聞いて空港に駆け付け、ビートルズを解放しろと暴徒に命じました。彼らは、大統領の義理の弟だと知ると、それ以上の蛮行《ばんこう》は控えました。彼がいなければ、ビートルズが無事に出国できたかどうか分かりません。

少なくともこの事件に関しては、ブライアンの責任は重いでしょう。フィリピンの政治情勢について領事館に事前に問い合わせるなど、十分な調査もしないままコンサートの開催を決めてしまい、ホテルの予約なども現地のプロモーター任せにしていたのですから。

無事に出国

午後4時45分、ビルから無事に戻ってきたスタッフを乗せて、ビートルズは、マニラ国際空港の滑走路から離陸しました。その瞬間、機内で拍手喝采が起こりました。

ビートルズは、ブライアンが翌年のワールド・ツアーをスケジュールに入れていたこと、そして、次のアメリカ・ツアーが目の前に迫っていることに不安を抱いていました。彼らは、この年に一切のコンサートをやめましたが、この事件が大きなきっかけだったのかもしれません。

この事件からちょうど20年後の1986年、フィリピンで革命が起こり、マルコス大統領夫妻はアメリカに亡命しました。独裁政治に終止符が打たれたのです。

4 異次元の存在～ホワイト・アルバムの不思議な世界

「ホワイト・アルバム」は通称

① 正式なタイトルは「ザ・ビートルズ」

実は「ホワイト・アルバム」というのはあくまで「通称」で、正式なタイトルは「The BEATLES」です。しかし、これだとアルバムを指しているのか、バンドを指しているのかハッキリしません。

このアルバム・ジャケットは真っ白で、The BEATLESとしか表記されていません。それで、このアルバムのことを「ホワイト・アルバム」と呼ぶのが一般的になっているんです。

このアルバムは「代名詞」的なものではありませんが、ある意味、ビートルズがやりたい放題やったアルバムといえます。ロックンロール、ハードロック、ブルース、カントリー、フォークロックなど、ありとあらゆるジャンルの曲がこれでもかというぐらい詰め込まれています。

そのため、アルバムとしての統一感はありませんし、未完成作品を寄せ集めた感じもあります。とても同じバンドが制作した一つのアルバムとは思えません。まるで4人のソロ・アーティストが「ビートルズという名のバンド」で、それぞれの作品を収録したアルバムのようです。

ビーチ・ボーイズのサウンドをパロディーにしたノリノリの「バック・イン・ザ・U.S.S.R.」、ビートルズの批評家たちを嘲《あざけ》るような歌詞の「グラス・オニオン」、まるで本当にギターが泣いているかのように聴こえる「ホワイル・マイ・ギター・ジェントリー・ウィープス」、黒人の人種差別をテーマにした「ブラック・バード」、ほのぼのとしたカントリー調の「ドント・パス・ミー・バイ」など17曲が収録され、聴くだけでもうお腹いっぱいになります。

元になったのは「イーシャー・デモ」

インドでマハリシ・マヘーシュ・ヨーギーから超越瞑想を指南されたビートルズは、修行僧のような生活をすることでインスピレーションがあふれ出て、曲を次から次へと書きまくりました。

イギリスに帰国したビートルズは、アビイ・ロード・スタジオへ行く前にそれぞれが自宅でデモ・テープを制作しました。それらは、彼らが今まで試みたことのないような革新的で、二度と再現することはできないと思われるようなものでした。

1968年5月末、ビートルズは、ロンドン郊外のイーシャーにあるジョージが所有していた小屋に集合しました。そこで出来上がったのは、彼らの作品の中でも最も奇妙で何ともいえない味わいのある「イーシャー・デモ」です。そこで彼らは、楽しく親密で温かさのあるひとときを過ごしていたのです。ほとんど最後の瞬間まで、彼らは、まだビートルズであることを愛していたことが聴き取れます。

彼らは、お互いの曲を聴いて「おお〜」と歓声を上げました。それらの曲をスタジオへ持ち込めば、これまでと同じように素晴らしい作品として完成されるように聴こえ、みんなが興奮していました。

レコーディングがメンバーの関係悪化のきっかけになった

① ロックンロール・サウンドに回帰

ビートルズは、前年の「サージェント・ペパーズ～」のようなサイケデリックな傾向をやめ、逆の方向に進みました。彼らは、よりすっきりとしたロックンロール・サウンドに回帰し、同時にアコースティック・ギターのサウンドを多く取り入れるようになりました。

デモを元にレコーディングを始めてみると、メンバーのエゴがむき出しになりました。デモ自体がメンバーのインスピレーションに導かれるままに作成されたもので、その方向性がバラバラであることがセッションで露呈したのです。そのため、セッションが上手くいかず、これがメンバーの関係がギクシャクする一つの要因となりました。

ビートルズのまとめ役だったマネージャー、ブライアン・エプスタインはこの世を去り、メンバーが一人でレコーディングするようになって、プロデューサーであるジョージ・マーティンの役割もほとんどありませんでした。

② ジョージの自己主張

それまで「クワイエット・ビートル（静かなビートル）」と呼ばれていたジョージが、初めてアルバムの制作に関して自分の主張を通し始めました。彼は、他のメンバーとは別のスタジオで自分の曲を頻繁に制作しただけでなく、天才ギタリストである友人のエリック・クラプトンをスタジオに連れてきて「ホワイル・マイ・ギター・ジェントリー・ウィープス」でギター・ソロを演奏させました。

クラプトンはまだ若手で、ジョージからの誘いに「ビートルズのセッションに参加するなんてとんでもない」と尻込みしました。しかし、ジョージは、「オレがいいと言ってるんだから構わないだろう」と強引に連れてきたのです。ジョンもポールもギスギスしていたところへ、部外者のクラプトンが現れたので大喜びで迎え入れました。

③ リンゴが一時的に脱退

レコーディングは続きましたが、メンバー間のゴタゴタはさらに悪化しました。リンゴは、メンバーから自分の存在を評価されていないと感じると、8月22日の「バック・イン・ザ・U.S.S.R.」のレコーディングの途中で脱退しました。ホワイト・アルバムの最初の2曲のレコーディングにリンゴは参加せず、9月5日の「グラス・オニオン」のレコーディングでようやく復帰しました。

レコーディング・テクニックも進歩していた

① リダクション・ミックスの使用

レコーディングの初期では、相変わらず4トラックのレコーディング・マシンを使用していたため、レコーディングできるトラックが不足し、ほとんどの曲がリダクション・ミックスを必要としていました。リダクション・ミックスとは、いったんレコーディングしたテープを再度別のテープの一つのトラックにまとめてレコーディングし、3つの空きトラックを新たに作り、これを何度も繰り返すというテクニックです。

クイーンが「ボヘミアン・ラプソディ」をレコーディングした時も、これと全く同じではありませんが類似したテクニックを使用しました。この作業は、ホワイト・アルバムの制作の途中で8トラックレコーディングに移行するまで続けられました。

② レコーディング・テクニックの粋を結集していた

ADT（自動二重録音、ヴォーカルを一度レコーディングしただけで、二重にレコーディングした効果が得られた）、革新的なテープディレイ効果、テープループ、ハーフスピード・レコーディングなど、サウンドを変えるために楽器を変えるかのように、ビートルズが使用したレコーディング・テクニックのほとんどすべてがこのアルバムに登場しています。

「ホワイト・アルバム」は、決して無計画に制作されたわけではなく、一つ一つの音源をトラックごとに作成し、それらを完全に統合するというプロデューサーのジョージ・マーティンのテクニックをそのまま維持しつつ、サイケデリック・サウンドの原点ともいえる「サージェント・ペパーズ〜」よりロック志向の強いサウンドに回帰していたのです。

5 アビイ・ロード〜 なぜ解散直前に最高傑作を制作できたのか？

解散直前に最高傑作を制作した

① 解散直前だった

ビートルズのアルバムの中で最高傑作はというと、「アビイ・

ロード」が1位に挙げられます。もちろん、他のアルバムを挙げる方も大勢いるのですが、多数決を取ると大体同じ結果になります。

驚きなのは、このアルバムの制作が開始されたのが1969年7月1日だったことです。もうこの頃のビートルズは、いつ解散してもおかしくないような状況でした。普通、そんな状況だったらアルバム制作どころではないはずです。そんな状況であるにもかかわらず、「ビートルズ史上最高傑作」と賞賛される完成度の高いアルバムを制作しました。なぜ、そんな神業のようなことができたのでしょうか？

② アビイ・ロードをラストアルバムにするつもりはなかった

よく誤解されがちなのですが、「ビートルズは、アビイ・ロードをラストアルバムにするつもりで制作したから、最高傑作と呼ばれる作品が誕生したのだ」といわれることがあります。つまり、これで最後のためメンバー全員が全身全霊で制作したから、結果的に最高傑作が誕生したというわけです。

しかも、それを暗示するかのようにアルバムのラストの曲が「ジ・エンド」になっています。その上、あの有名なジャケットは、ビートルズ全員がスタジオを後にして歩道を歩いている姿になっています。これでは、いかにもビートルズが解散してスタジオを去っていくかのように見えてしまいます。一応もっともらしいお話なので、そう信じ込んでいる方もたくさんいらっしゃるようですが、これは全く事実ではありません。

そのことを裏付けるように、リンゴは、2019年10月にBBC6

ミュージックでのインタヴューで、アルバムが完成した時点で解散するつもりは全くなかったと断言しています。彼らは、その後もビートルズとして活動を続け、ニューアルバムを制作しようとしていたのです。

また、ビートルズがアビイ・ロードの制作後に開いた会議を録音したテープを聞いてみると、次のアルバム制作について議論していたことが分かります。話がまとまらず結局制作されないままで終わってしまったのですが、メンバー全員が次のアルバムを制作しようとする意向を持っていたことは間違いありません。

前回のセッションは失敗だった
①「ゲット・バック／レット・イット・ビー」セッション

ビートルズは、このアルバムを制作する前の1969年1月に「ゲット・バック／レット・イット・ビー」セッションを行いました。レコーディングの模様を撮影して、テレビ特番として放映されるはずでした。そこでライヴもやる予定だったのです。

彼らは、1968年にシングル「ヘイ・ジュード」のライヴ撮影が好評だったことに気を良くし、もう一度ライヴをやろうと企画しました。しかし、メンバーの仲が悪くなっていたことに加え、企画自体が十分練られたものではなく、カメラがずっと回っている緊張状態だったため、セッションが思うように進まなかったのです。

そのセッションの様子は、2021年に公開されたドキュメンタリー映画「Get Back」で克明に描かれています。この映画は、2022年のグラミー賞で5部門を獲得したほどの素晴らしい作品ですので、ぜひ一度ご覧になることをお勧めします。

② もう一度アルバムを作り直したい

結果的にこのセッションは、アルバムにまとめることはできず、失敗に終わりました。ビートルズ自身、そのことを不満に思い、もう一度一からやり直そうと、再度レコーディングに取り組むことにしました。その結果、誕生したのが「アビイ・ロード」です。

気合を入れ直した

① もう一度一から出直したい

ポールは、プロデューサーのジョージ・マーティンにもう一度新しいアルバムを制作したいと電話で持ちかけました。マーティンも、メンバー全員が本気で取り組むつもりならという条件付きで引き受けました。

前回は、音楽の方向性の違いなどからセッションがまとまらなかった点を反省し、特に対立していたジョンとポールが、お互いに歩み寄る姿勢を見せたのです。ジョンは、シンプルなロックの原点に戻ろうとしていました。それに対してポールとマーティンは、「サージェント・ペパーズ〜」のような趣向を凝らそうと考えていたのです。

三者が対立したままでは前回の轍《てつ》を踏んでしまうと考え、互いに譲歩して妥協する道を選びました。A面は、ジョンの意向を反映して一つ一つ独立した曲としてレコーディングしたのに対し、B面は、ポールとマーティンの意向を反映してメドレー形式が導入されました。

② 個々の楽曲の持つパワー

やはり、このアルバムを最高傑作にしている大きな要因の一つは、「個々の楽曲がとてつもないパワーを持っている」ということです。アルバムを構成しているのは一つ一つの楽曲ですから、それらのパワーはアルバムの仕上がりに直接跳ね返ります。

リスナーは、アルバムの最初の曲「カム・トゥゲザー」でまずやられてしまいますね。このアルバムのオープニングを飾るにふさわしい、シンプルで古典的なロックのスタイルに戻った傑作です。ジョン特有の難解な歌詞ですが、それが曲の雰囲気にピッタリとマッチしています。

ポールの「オー！ダーリン」もこれに匹敵する傑作です。何しろ、何かとポールに対して批判的だったジョンが、リード・ヴォーカルをやらせてほしいと頼んだくらいですから。

そして、ジョージの「サムシング」「ヒア・カムズ・ザ・サン」は、ビートルズの数ある名曲の中でも珠玉の名曲です。リンゴの「オクトパス・ガーデン」もほのぼのとした雰囲気の名曲です。

③ 珠玉のメドレー

多くの人が「ユー・ネヴァー・ギヴ・ミー・ユア・マネー」から始まるB面のメドレーを称賛しています。これは、元々別の曲を繋ぎ合わせて一つのメドレーにしたものですが、普通ならできそうもないことを成功させてしまうのですから、やはり天才としかいいようがありません。

世界一有名なジャケット写真

ビートルズが縦一列になって横断歩道を歩いているジャケット写真は、おそらく数ある写真の中でも最も有名で、今でも世界中の至る所でマネされています。交通量の少ない車道に横断歩道があったら、とりあえず縦一列に歩いて写真を撮るというのがまるでお決まりみたいになっています。

あの写真は、警察の許可をもらって車道を通行止めにし、急いで撮影しました。1～4枚目はメンバーの歩幅がバラバラで使い物になりませんでしたが、5枚目は完璧で、奇跡的に測ったように全員がピタリと同じ歩幅で歩いており、これが採用されました。この写真のおかげでアビイ・ロードの歩道は、世界で最も有名で観光客が訪れる観光名所となったのです。

50年ぶりにチャート1位に返り咲いた

2019年9月末に発売となった「アビイ・ロード」50周年記念エディションは、1970年1月31日に17週目の1位を獲得して以来となる49年と252日ぶりに、全英アルバムチャート1位に返り咲きました。もちろん、音源は全く同じで、リマスターしただけです。おそらく、こんなとんでもない記録は二度と破られないでしょう。

6 ビートルズはなぜ解散したのか？

ずっと話題にされてきたテーマ

解散したバンドは世界中に星の数ほどありますが、ビートルズほど解散直後から現在に至るまで、解散した理由について話題にされ続けているアーティストも珍しいでしょう。なぜそれほど話題になるかというと、解散がある日突然起こったことと、メンバーの正式な説明がなかったからです。

1970年4月10日、デイリーミラー紙に、ポール・マッカートニーがビートルズを脱退するという衝撃的な記事が掲載されました。これによってビートルズは事実上解散したのです。しかし、ポールの一方的な脱退宣言だけで、メンバーの記者会見は一切行われませんでした。そのため解散の理由を巡って世界中の人々があれこれ憶測し、議論することになったのです。

ここでは、ビートルズの解散の要因とまではいえないものの、要因となったと考えられるものを検討してみます。

ビートルズが解散した要因

ビートルズが解散した要因は一つではありません。決定的な要因となるものが見つからないため、いつまでも論争が繰り広げられているのです。

夫婦に例えると、いくつかの事件や考え方の違いが少しずつ溜まっていき、お互いそれがストレスになって、とうとう我慢しきれず離婚したといったところでしょうか？　そこで、解散の要因として考えられるものを列挙してみました。

（1）　高額な課税
（2）　楽曲の版権を失った
（3）　コンサートをやめた

(4) ジョンがヨーコから影響を受けた

(5) ジョージがコンポーザーとしての実力をつけた

(6) インドでの超越瞑想の修行

(7) 音楽の方向性の違い

(8) ブライアン・エプスタインの死

(9) ポールの独走

(10) ポールがLSDの使用を拒否

(11) アップルコア社の放漫経営

(12) ジョンの薬物中毒

(13) アラン・クラインがマネージャーに就任

(14) ジョンのトロント・ロックンロールフェスティヴァルへの参加

(15) ジョンの「コールド・ターキー」がアルバムに採用されなかった

(16) ATVとの著作権争奪戦に敗北

(17) フィル・スペクターが、ポールに無断で「ザ・ロング・アンド・ザ・ワインディング・ロード」にオーケストラを加えた

(18) ポールのソロアルバムのリリースに待ったがかかった

(19) メンバーが成長した

他にも見落としている要因はあるかもしれませんが、この辺りが概《おおむ》ね妥当なところでしょう。上記に挙げたいくつもの要因でダメージが重なり、彼らを結んでいた絆が徐々に傷んで、最後はプツンと切れてしまったというところでしょう。もちろん、それぞれの要因によりダメージの大きさは異なります。

触れられてこなかった要因

1960年代のイギリスは累進課税制度で、高額所得者には高い税金が課せられていました。ビートルズは、スーパースターになったものの、収入から95%もの税が徴収されました。そこでビートルズは、節税対策として会社を設立したのですが、そのビッグビジネスの主導権をディック・ジェイムズという音楽出版社の社長に握られ、その会社に版権を譲渡した上、経営権まで奪われてしまいました。過酷な高額課税がビートルズやブライアン・エプスタインの節税を急がせ、結果的に自分たちの首を絞めることになってしまったのです。

やがて彼らは、自分たちの稼いだ巨額のマネーと、支払われる対価とのギャップの大きさに気付いて不満を抱くようになりました。この問題は、重い十字架となって彼らにのしかかることになりました。これがなければ、あれほどメンバーが険悪な間柄にはならなかったでしょう。

ビートルズの長年の友人であるトニー・ブラムウェルは、「グループの結束力を破壊するのに役立ったのは罰則的な税率だった」と主張しています。ある意味、イギリス政府は、国を代表する稼ぎ頭を自らの手で解散させてしまったのかもしれません。

ブライアン・エプスタインの死

一つ一つの要因に触れるほど紙幅はありませんので、主要な要因と考えられるものに絞ってお話しします。

下積み時代のビートルズの才能を発掘し、スターダムに押し上げた功労者である名マネージャーのブライアン・エプスタインが、

1967年8月27日に32歳という若さで亡くなったことは、ビートルズにとってとても大きなダメージとなりました。もちろん、これが直接の原因でないことは、彼の死後もビートルズが活発に活動したことで裏付けられています。

しかし、ブライアンの死は、ビートルズの固い結束を弱めるには十分でした。彼らは、父親のような存在の彼を失ったため、それぞれが好きなように活動するようになり、バンドの求心力が弱まったのです。彼が生きていれば、少なくとも2年は解散が先に延びたのではないかと思います。

音楽の方向性の違い

ジョンとポールは、初期には文字通り共作していました。しかし、次第に音楽の方向性の違いが明らかになってきました。1967年にリリースされたジョンの「ストロベリー・フィールズ・フォーエヴァー」とポールの「ペニー・レイン」という2つの曲が、それを象徴しています。

この2曲は、シングル両A面としてリリースされたのですが、「ストロベリー・フィールズ～」が幻想的で難解な曲であるのに対し、「ペニー・レイン」は誰にでも親しめるポップな曲になっています。この方向性の違いはその後も続くことになり、ビートルズの楽曲のヴァラエティーの豊かさに繋がった半面、対立を生んだ要因ともなりました。

さらに、ジョージがコンポーザーとして実力をつけたことで問題が複雑になりました。「サムシング」「ヒア・カムズ・ザ・サン」といった名曲を作るまでに成長したのです。しかし、ジョンとポールの評価は低いままで、彼の曲はアルバムになかなか採用してもらえませんでした。そのため、彼は、自分の待遇にとても不満を抱えていたのです。

ジョンがヨーコから影響を受けた

「オノ・ヨーコがビートルズを解散させた」。これもビートルズ解散直後からずっと世界中でいわれ続けてきたことです。いまだに男性が女性の影響を受けて組織から離脱すると、その女性のことを「オノ・ヨーコみたいだ」と批判する人がいることが、それを象徴しています。

確かに、ヨーコがジョンに多大な影響を与えたことは間違いありません。彼の関心をビートルズの外側の世界に向けさせたのは、間違いなく彼女です。そして、彼が音楽に愛や平和といったメッセージを込めるようになったのも彼女の影響です。

しかし、だからといって彼女が解散の原因と決めつけるのは短絡的すぎます。彼女の存在は、解散を早める方向に働いたかもしれませんが、彼女がいなくても、遅かれ早かれ解散は避けられませんでした。

メンバーが成長した

結局は、これに尽きるでしょう。メンバーがみんな成長して、ビートルズという箱の中に収まりきらなくなってしまったのです。そのことは、ポールの次の言葉が象徴しています。「僕がビートルズをやめたんじゃない。ビートルズがビートルズであることをやめたんだ。誰も切り出したくないのさ、パーティーは終わったって」

第6章

その後のビートルたち

After The Beatles

1 ジョンとポールの関係

ジョンとポールは解散後に和解し、セッションまでしていた

「ジョンとポールはケンカ別れして解散した後、一度も再会することのないままで終わった」と誤解している方も多いかもしれません。しかし、実は、2人は、解散後に再会した際に和解し、一度だけですがセッションまでしていたのです。

このことは、意外に知られていないかもしれません。何しろ解散直後は犬猿の仲になっていた彼らが、世間が知らないうちに和解していたんですから。そのことを知っていたのは、たまたまその場に居合わせたアーティストや関係者たちだけでした。しかし、多くの人々が2人の歴史的和解の場に居合わせたため、結局、その噂は世間にどんどん広がっていくことになりました。

ポールが突然ジョンを訪問した

ビートルズは、解散後もジョン、ジョージ、リンゴの3人は、ソロ活動として一緒にレコーディングしました。1980年代に入ってからも、公式リリースとしてスタジオで、ジョンを除く3人のメンバーが集合しました。しかし、ジョンとポールが同じセッションに参加することはありませんでした。

しかし、1974年3月28日の夜、ロサンゼルスのバーバンク・スタジオで、2人は、実際にコラボレーションしたのです。それは、長年にわたるビートルズ再結成の噂を引き起こすのに十分なものでした。

ジョンが飲み仲間のハリー・ニルソンの「プッシー・キャッツ」をプロデュースしている時に、ポールと妻のリンダが突然訪ねてきたのです。2人は、とりあえず握手し、内輪ネタのジョークを交わしました。

もうわだかまりは消えていた

① 2人ともソロで成功していた

解散直後こそ激しくやり合っていた2人でしたが、もうこの頃にはそういったわだかまりも消えて、普通に話し合える間柄になっていたということですね。後は、再会するきっかけさえあればよかったのです。

ビートルズが解散した後、ジョンは、1971年にシングル「イマジン」を大ヒットさせました。ポールは、1973年にアルバム「バンド・オン・ザ・ラン」を大ヒットさせて吹っ切れたのでしょう。ジョンが近くにいると聞いて、ポールも今ならもう会えると判断したのではないでしょうか？

② ビートルズ時代のコントで挨拶

ジョンは、会いに来たポールに対し、ビートルズが演じたコントのセリフにちなんで、「勇敢なポール・マッカートニーとお見受けしますが？」と挨拶しました。ポールは、それにすぐ応えて「勇敢なジャスパー・レノンとお見受けしますが？」と返しました。

これは、1963年12月24日から64年1月11日まで行われた、ロンドンのフィンズバリーパークにあるアストリアシネマの「ビートルズ・クリスマスショー」で演じたコントのセリフです。ジョンは、「サー・ジャスパー」という悪役でした。それにしても、2人とも10年以上も前のちょっとしたコントのセリフをよく覚えていましたね。

ジョンとポールがセッションした

① ジャム・セッションを開始

ジョークを交わした後、ジョンとポールは、1969年の「アビイ・ロード」以来初めてとなる、そして、残念ながら最後となってしまったジャム・セッションを始めたのです。彼らは、音楽という共通のグラウンドを再び見出し、また、ビートルズ解散を巡って何年にもわたって争ってきた中で生まれた互いのわだかまりを払拭したのです。

その場には、スティーヴィー・ワンダーらも同席していました。即興とはいえ一流のミュージシャンが参加したにもかかわらず、音楽のパフォーマンスとしてはあまり良い出来ではありませんでした。ただ、残された音源を聴く限り、さすが一流のアーティストたちだけに、それほど酷《ひど》いようには思えません。もっとも、演奏の仕上がりなどはもはやどうでもよく、解散後にジョンとポールがセッションしたという事実が重要なのです。

② 後にレコードになった

この時に演奏されたベン・E・キングの「スタンド・バイ・ミー」は、後の1975年2月にリリースされたジョンのアルバム「ロックンロール」で再度取り上げられ、改めて公式にレコーディングされ収録されました。このアルバムは、全英10位、全米6位を獲得しました。さらに、3月にシングルカットされ、全英30位、全米で20位を獲得しました。

ジョンは、その後のインタヴューで「ポールと一緒にジャムをやった」と答えています。「本当にポールと一緒に演奏したんだ。L.A.ではいろいろなことをやったけど、他に50人もの人が演奏していて、みんな僕とポールを見ていた」

ジョンがポールに会いたがっていた

メイ・パンというジョンとヨーコの個人秘書の証言によれば、1975年、ジョンは、ニューヨークのダコタの自宅に帰る直前に、ポールと会おうと考えていたというのです。ちょうどその時、ポールは、ニューオーリンズでアルバム「ヴィーナス・アンド・マース」をレコーディングしていました。

ジョンは、ポールがそこにいることを知り、サプライズで訪問して驚かせようと計画を立てていました。彼は、とてもポールに会いたがっていたのです。

しかし、それを知ったヨーコがジョンを自宅に呼び寄せ、ポールに会わせなかったのです。この頃、2人は別居していたんですが、どうやら彼女は、ジョンがポールと再会すると、二度と彼女の元に戻ってこないのではないかと心配したようです。

当初、パンの証言を誰も信用しませんでした。しかし、ビートルズの広報担当だったデレク・テイラーがイギリスのジョンからもらったはがきに、「ポールに会いにニューオーリンズへ行く」と書いてあり、事実であることが裏付けられました。

最後の出会い

1976年4月、ポールは、ニューヨークのジョンの自宅を突然訪問しました。彼らは、その夜、NBCの「サタデー・ナイト・ライブ」というテレビ番組を一緒に観ていました。その放送中にプロデューサーが、ビートルズが再結成してライヴをやってくれるなら3000ドルを支払うとオファーしたのです。

ジョンの自宅は、たまたま放送中のスタジオの近くでした。2人は、サプライズで番組に出演したら面白いだろうと話し合い、本当にタクシーに乗っていこうかと考えましたが、とても疲れていたのでやめました。もし、彼らが本当に出演したら、蜂の巣をつついたような大騒ぎになっていたでしょう。

ジョンは、息子のショーンができたばかりで、子育てで忙しかったのです。そんな時にポールがギターを持って何度も来るので、「来る前に電話してくれよ。1956年じゃないんだから」と文句を言いました。

その後2人は、直接会うことはありませんでしたが、電話では何度か話したようです。残念ながら1980年にジョンが殺害されてしまい、二度と会うことはできなくなってしまいました。

2 再結成の可能性はあったのか？

ビートルズ再結成の噂

① 再結成の噂が広がった

ジョンとポールがビートルズ解散後に歴史的な和解を果たし、

セッションまでしたという事実が50人もの関係者によって目撃されました。この話は、どんどん世間に広まっていったのです。

それにつれ、ビートルズ再結成の噂も広まっていきました。この噂は、1970年代の中盤になって突然、どこにでも顔を出すようになったのです。ジョンとポールが和解した上セッションまでしたとなれば、「もしや、ビートルズが再結成するのでは？」と世間が色めき立ったのも当然でしょう。

② レコーディングではすでに協力していた

1973年にリリースされたリンゴのアルバム「Ringo」では、4人のビートルがそれぞれ別のパートでレコーディングに参加しており、ジョンとジョージは、ジョンが作曲した「アイム・ザ・グレイテスト」に、ポールは「シックス・オクロック」にそれぞれ参加しています。レコーディングこそバラバラに行われたものの、レコードの中では、ビートルズが再結成されていたのです。

ビートルズ出演のオファー

① にわかに再結成の噂が飛び交った

ジョンとポールがロサンゼルスで会ったという噂は、にわかに注目を集めました。1970年代半ば、ジョンは、こう語っています。「ポールとは、かなり難しい時期があったから、一緒に仕事をしていなかった。でも、今ではかなり仲良くなったよ」。これは、ポールとのセッションが終わった後の発言です。ポールとの関係が修復したことを認めたんですね。

そんなジョンの発言で、「ビートルズが再結成するという夢が現実になるのでは」と世間が騒ぎ始めました。業界からビートルズ出演のオファーが次から次へと舞い込むようになりました。ジョンは、それらを検討しましたが、もちろん金銭的な理由からではありませんでした。

② ジョンは再結成する気になった

ジョンは、その時の心境をこう語っています。「不思議なもので、ある時期、人々が私にビートルズとしての出演をオファーしてきた時、私は『いや、絶対にない。一体何なんだ？　元に戻れって？』と言っていたからだ」。しかし、彼は、1970年代中期の別のインタヴューでこう答えました。「ある時から『どうしても戻りたい』と思うようになった」

ジョンの気持ちが再結成へ傾いたというのが重要なポイントです。彼を含めて、元メンバー全員が充実したソロ活動を行っていました。その一方で、もうその頃には解散前後のわだかまりも消え、精神的な余裕も生まれて、今ならもう一度集まってセッションしてもいいと思えるような雰囲気になっていたのでしょう。

無関心だったジョージ

現実に再結成を検討したジョンとは対照的に、ジョージは、その話題には無関心だったようです。彼は、1974年にソロとして初の全米ツアーをスタートさせている最中でしたが、そういった動きをまるで気にしていないかのように振る舞っていました。

記者会見では、「みんなソロで楽しんでいるよ」と語っていました。そして、再結成についてはこう語りました。「我々は、10

年間、箱の中に閉じ込められていたんだ。10年間閉じ込められていたから、ビートルズの再結成なんて、すべてファンタジーさ。もし、もう一度やるとしたら、それはたぶん、金が必要だからだろう」

おそらく、彼にしてみれば、せっかくビートルズという窮屈な箱から開放されて、充実したソロ活動を満喫しているのに、また元に戻るなんて冗談じゃないといったところでしょう。

再結成したかもしれなかった

① 人々はライヴを期待していた

ジョンは、ビートルズがグループとして再びスタジオに戻ってくることができた場合にのみカムバックを検討する、と語りました。「誰もがステージショーを思い描いている。僕は、スタジオでやれるんならOKだけど、新聞を見るとジョージが『僕はそんなことは言ってない！』と言ってるんだ。でも、しばらく離れている間にみんなが『(再結成しても) いいかもしれない』と思ったことはあったと思う」

ただ、ジョンが考えていたのは、あくまでスタジオでのレコーディングであって、多くの人々が期待するライヴではなかったのです。このことについてメンバー全員が一堂に会して話し合ったというわけではなく、ジョンの推測によれば、みんながもうそろそろ再結成してもいいかもしれないと考えていた、ということです。

② その気になっていた

あくまでもジョンの推測なので、本当にみんながそう考えていたかどうかは分かりません。しかし、当時の状況を振り返ってみると、元メンバーは、もう解散前後のゴタゴタも忘れて、おだやかな気持ちになっていたのではないかと思います。少なくともジョンとポール、リンゴの3人は、再結成に前向きな姿勢だったでしょう。

微妙だったのはジョージですね。記者のインタヴューには「全くそんなつもりはない」とハッキリと否定していましたから。ただ、彼にしてもスタジオでのレコーディングでみんなが集まるということであれば、彼の性格からして、あえてそれを拒否することはなかったと思います。

あともう一歩で再結成していた

① リンゴが打ち明けた話

2021年10月、リンゴは、1973年にビートルズが再結成に最も近づいたことを明らかにしました。彼によれば、4人それぞれが永遠に別れたままになってしまうのはイヤだなと思い始めていた頃に、再結成しないかというオファーが持ち込まれたそうです。彼らは、よりを戻すというよりも、互いに「ケンカ別れ」したまま生涯を終えるというのは、あまりにも寂しいと思うようになり、ちょうどそのタイミングでこの話が持ち込まれたのです。

② オファーを断った

しかし、このオファーには男がサメと格闘するというオープニング・アクトがあることが分かり、元メンバーは、互いに盛んに電話をかけ合って真剣に話し合いました。

「我々は、お互いに電話して『やめておこう』と話した」とリンゴは語っています。「我々は、もう自分たちの道を歩んでいるんだから」。彼らは、リンゴが「大金」と呼んだオファーを断り、自分たちの道を進み続けました。

本当にビートルズが再結成する寸前までいったのです。そして、その千載一遇のチャンスは、おバカな企画のために頓挫し、二度と訪れることはありませんでした。ここで重要なのは「オープニング・アクト」というキーワードです。企画されていたのは、レコーディングではなくライヴだったのです。

③ もし実現していたとしたら

もし、仮にこの企画が実現していたとしたら、少なくとも20曲くらいは演奏したと思います。ビートルズ時代の懐かしい曲とソロになってからの曲ですね。シメはもちろん「イマジン」です。

今思えば「夢物語」ですが、本当に現実になりかけたんです。しかし、それは一瞬にして泡のように消え、さらにジョンが亡くなった瞬間、完全に「見果てぬ夢」と終わりました。

3 ジョン、ポール、デヴィッド・ボウイによるスーパーバンドが誕生した？

デヴィッド・ボウイを訪れた人物

① 一区切りをつけたボウイ

ジョン・レノン、ポール・マッカートニー、デヴィッド・ボウイという3人の偉大なアーティストにより構成される、スーバー・グループが結成されたかもしれないというお話です。

ボウイは、1970年にデビューし、1972年にリリースしたアルバムのコンセプトに基づいて、自身を架空のロックスター「ジギー・スターダスト」と名乗っていました。彼は、グラム・ロックの旗手としてワールド・ツアーを続けていました。しかし、1973年のイギリス公演を最後にこの設定に自ら幕を下ろし、1974年にはアメリカに活動の拠点を移していたのです。そんなある夜、彼が自身の創作によるアート・プロジェクトに没頭していると、ドアをノックする音が聞こえてきました。

② それは憧れの人物だった

ボウイは、かつてジョン・レノンについてこう語っていました。「彼は、私の音楽人生に大きな影響を与えた人物の一人である。彼は、ロックンロールで何ができるのかを考えつき、そのアイデアをアートに昇華させたアーティストの最高傑作だと思っていた」

「彼は、前衛的で、主流から外れたアイデアを探し、それをポピュラーなものに機能的に変換して成功させるという点で、私に似ていると感じた。彼は、一般大衆のために作品を作っていた。エリート主義ではなく、普通の人々のために作品を作っていたのだ」

ボウイのジョンに対する評価は、まさに多くの人が超一流のアーティストに対して抱くものですが、それ以外にも、純粋にボウイがジョンに一ファンとして憧れていたという要素もあります。ちょうど、ジョンがエルヴィス・プレスリーに憧れていたように。

ボウイは驚愕した

① そこに立っていたのは…

ボウイがドアを開けると、そこにはジョンが立っており、彼は、とても衝撃を受けました。この時のことについて、ボウイは、BBC6ミュージックのマーク・ライリーとのインタヴューで次のように答えています。「あれは1974年頃のニューヨークで、彼ら（ジョンとポール）が初めて再会した頃だったと思う。私が宿泊していたピエール・ホテルのドアをノックされたんだ。夜中の3時頃だったんだけど、ジョンがドアの外に立っていて、ポールも一緒だったんだよ！」。ボウイは、その時のことを興奮して振り返りました。

② 2人が揃っていた！

どちらか一人でも充分驚いたでしょうが、2人揃ってとなるとさすがのボウイも驚愕しました。ビートルズ解散直後、彼らが犬猿の仲だったということは誰もが知っていたことなのに、そんなことなどどこ吹く風といった感じで2人が揃っていたのですから。

さらに「2人は、その日の夜、街に繰り出していた。ジョンが『信じられないような人を連れてきた』と言うので、私は『わあ、お2人は…』と言いかけると、彼は『ああ、いや、すべてが変わるよ』と言ったんだ」

「素晴らしかったよ。我々は、その晩、ただひたすら話した。その夜は、解散後、初めて2人が一緒に過ごした夜だったに違いない」。解散直後、非難の応酬をしていた彼らは、世間が知らないうちに仲直りしていたのです。

3人でバンドを結成する？

「彼らは、私に2人と一緒にトリオにならないかと誘ってきたんだ。名前もデヴィッド・ボウイとビートルズみたいなものに変えよう。彼らは、DBBというアイデアを気に入っていたからね」

2人が歴史的な和解を果たした後の出来事ですが、それにしてもまた突拍子もない話ですね。

しかし、ボウイは冷静に「今夜のお話はとても有意義ですが、明日まで待ってください。朝の常識を待ちましょう」と返答しました。それはそうですよね。こんなとんでもない話を持ち込まれて、即答できるはずがありません。そして、次の日の朝を迎えました。「でもね、次の朝になっても何も起こらなかったんだよ」

ジョンとポールは、ボウイを仲間に入れてバンドを組もうと真剣に考えていたのです。

まだ続きがあった

①サイモン＆ガーファンクルにも

その1年後の1975年、グラミー賞のセレモニーの後に同様の事件が起こりました。サイモン＆ガーファンクルのアート・ガーファンクルが出席した時、プレゼンターをサイモンと共に務めたジョンは、ポールとのコンビ再結成について多くを語りました。それによると、ジョンは、授賞式でサイモン＆ガーファンクルと並んでステージに立っていました。その後、ジョンは、コンビとボウイをダコタビルの自宅のアパートに招待しました。

② ガーファンクルも持ちかけられた

ガーファンクルは、ドキュメンタリー映画「ビートルズ・ストーリーズ（ビートルズと私）」のインタヴューで、時代を超えたアフター・パーティーの話や、音楽界の「もしも」について語りました。「オノ・ヨーコとデヴィッド・ボウイと一緒にジョン・レノンに会った時のことを、とてもよく覚えている。ボウイも一緒にいたので、ダコタに戻った。ジョンは、私をベッドルームに連れていった」

ポールがジョンを誘っていた

① ポールからジョンに電話した

ガーファンクルは、こう語っています。「信じられないことに、彼は、私にこう言ったんだ。『アーティ、君は最近そっちのポール（サイモン）と仕事をしただろう。ニューオーリンズ（ポール・マッカートニーが「ヴィーナス・アンド・マース」のレコードの一部をレコーディングした場所）から、こっちのポールが僕と仕事をしたいと電話をかけてきて、僕はそれについて考えているんだけど、よく分からないんだ。君がポール（サイモン）と仕事をした時はどうだった？』」

ポールがジョンと一緒に仕事をしたいとオファーしていたのです！

この話には、次の事実が前提にあります。ポール・サイモンとアート・ガーファンクルは、1964年にアメリカで「サイモン＆ガーファンクル」としてデビューし、「サウンド・オヴ・サイレンス」「ボクサー」など数々の名曲を生みました。しかし、1970年のアルバムリリースを最後に２人はソロ活動に入り、事実上解散していたのです。

1975年、サイモンとガーファンクルはこのグラミー賞の授賞式に出席したことをきっかけに再会しました。それまではほとんど連絡も取っていなかった２人でしたが、これをきっかけに活動を再開し「マイ・リトル・タウン」という曲を制作して、それぞれのソロアルバムに収録しました。

つまり、ジョンがキューピッドになって、彼らを再結成させたのです。そして、今度は逆にジョンがポールとよりを戻すことについて、ガーファンクルに意見を求めてきたというわけです。うまくいっていなかったサイモンとの間を取り持ってくれたのですから、ガーファンクルとしても否定的な意見は言いにくいですよね。

② 助言を求められた

ガーファンクルは、とんでもないプロジェクトの相談を持ち掛けられ、助言しなければならない立場になりました。彼は、「ジョンは、偉大なジョン・レノンとポール・マッカートニーの一人として、自分の状況を測っていたのだ。それは、まるで彼が『サイモン＆ガーファンクル』におけるサイモンの同僚としての私の自我が完全に確立されているかどうか、を確認するかのようだった」と控えめに冗談めかして語りました。

サイモン＆ガーファンクルもポピュラー・ミュージック界のスーパースターです。しかし、ガーファンクルもあまりにも偉大なレノン＝マッカートニーと自分たちとを比較されて、光栄とはいえとても困惑したことでしょう。 ジョンが「君が僕だったらどうする？」と聞いているようなものでしたから。

③ 冷静に答えた

ガーファンクルは、世界中のビートルズ・ファンのプレッシャーを潜在意識の中で感じながらも、真剣にアドヴァイスをしなければなりませんでした。彼は「それは、偉大な音楽が生まれる大きなきっかけとなるかもしれません。ただし、複雑な歴史のストーリーを無視して、その音の楽しさや昔の相棒との音楽的な出来事に立ち返ることができるのならですが」と内心で湧き上がってくる興奮を抑えながらも、冷静に答えました。というか、そう答えるより他になかったのでしょう。

④ 実現しなかった

ジョンがそれを真剣に考えていたと思うかという質問に、ガーファンクルは「彼は（戻りたいと）思っていたよ。それは音楽的な問題であって、個人的な重い問題ではなかったんだ」と答えました。

ジョンは、ガーファンクルにまでコンビ再結成を相談していたんです。ということは、彼もポールの提案をかなり真剣に検討し、もう一度コンビを組みたいとまで思っていたんですね。しかも、ガーファンクルによれば、それは、ミュージシャンとしてもう一度一緒に音楽を作りたい、という純粋な思いでした。

しかし、結局は、この話も夢物語に終わりました。なぜ実現しなかったのかは分かりませんが、ビートルズのレガシーがあまりにも偉大すぎたからかもしれません。新たにコンビを組んでも成功するかどうかは未知数どころか、ヘタをすると名声に自ら傷を付けてしまうかもしれません。そのリスクを考えると、ジョンもポールも慎重にならざるを得なかったのでしょう。

おわりに

最後まで読んでいただきありがとうございます。いかがでしたでしょうか？　ビートルズをあまりよく知らない方にもまたよく知っている方にも、興味を持って読んでいただけたのではないかと思っております。

私がビートルズを知ったのは、おそらく全世界の誰もが知っているであろう名曲「レット・イット・ビー」です…と言いたいところですが、実はそうではなく「オブ・ラ・ディ、オブ・ラ・ダ」なのです。

お恥ずかしい話ですが、その曲がビートルズの曲だということを知ったのは、ずっと後になってからでした。というのも1968年にこの曲が発表された当時、私はまだ10歳でした。この曲の歌詞は日本語に翻訳され、日本でも大ヒットし、テレビでも盛んに流されていました。子どもの頃の私は、てっきり日本の曲だとばかり思い込んでいたのです。

「レット・イット・ビー」でビートルズを知り、そこからファンになったのですが、悲しいことにもうその頃には彼らは解散してしまっていたのです。私が現役時代の彼らをリアルタイムで理解するにはまだ幼すぎました。

私には長続きした趣味は一つもありませんが、唯一、ビートルズだけはずっと長い間ファンでい続けています。そして2015年、自分の人生の想い出作りとしてロンドンとリヴァプールを一人旅し、ビートルズの足跡をたどってきました。アビイ・ロードの横断歩道をアルバム・ジャケットのポール・マッカートニーのように渡り、その様子を撮影した写真は私の宝物となりました。

考えてみれば、ビートルズは1970年に解散し、それから50年以上もの歳月が経過しています。それでも、いまだに全世界でプロ・アマを問わず彼らの楽曲が盛んに演奏され、あるいはＣＤやストリーミングで多くの人々に聴かれ愛されています。音楽だけではなく映画や舞台でも盛んに取り上げられ、関係する書籍も毎年あふれ返るほど全世界で出版されています。

こういった現状を見るにつけ、ビートルズは、もはや時代を超えて愛される「クラシック・ポップス」とも呼ぶべきジャンルに分類されるのだろうと思います。ベートーヴェンやモーツァルトのように、彼らの楽曲は、これからも愛され続けるでしょう。そして、その理由の一端をこの本で知っていただけたら幸いです。さらにこの本をきっかけにビートルズをもっと聴いてみたい、彼らについてもっと知りたいと思っていただけたら、著者としてこれに過ぎる喜びはありません。

参照文献一覧

マルコス大統領夫妻の言動に関する資料「The Beatles' Worst Nightmare in Manila」By OLIVER X.A. REYES ｜ May 24, 2017　ESQUIRE

TUNE IN: The Beatles: All These Years , 2016/10/11 Mark Lewisohn (著)

https://www.beatlesbible.com/

https://www.nestonpast.com/

https://www.sweetwater.com/

http://www.thefootballvoice.com/

https://degruyter.com/

https://ultimateclassicrock.com/

https://faroutmagazine.co.uk/

https://www.musicmusingsandsuch.com/

https://enmoreaudio.com/

https://www.fyimusicnews.ca/

https://www.independent.co.uk/asia

http://www.royyoung.com/

The Complete Beatles Recording Sessions: The Official Story of the Abbey Road Years 1962-1970 2013/10/1 Mark Lewisohn (著), Paul McCartney (序論)

http://www.beatlesebooks.com/

https://www.rollingstone.com/

https://www.soundscapes.org/

https://slate.com/

https://www.seattlepi.com/

The Fab One Hundred and Four: The Evolution of the Beatles (Volume 1) 2014/1/27 David Bedford(著)

The Beatles Anthology: (Beatles Gifts, The Beatles Merchandise, Beatles Memorabilia) 2000/10/5 The Beatles (著)

https://beatles.fandom.com/wiki/The_Silver_Beetles

https://www.mentalfloss.com/

https://www.thefourthbeatle.com/

Long and Winding Roads: The Evolving Artistry Of The Beatles 2007/7/30 Kenneth Womack (著)

https://www.thetoptens.com/

https://ofbuckleyandbeatles.wordpress.com/

https://www.wgbh.org/

https://www.nola.com/

https://www.mirror.co.uk/

著者紹介

和田晋司（わだ しんじ）

大阪府生まれ。
俳優(テアトルRUIプロダクション所属)。

1980年大阪市立大学(現大阪公立大学)卒業後藤井寺市役所に勤務。
議会事務局長、選挙管理委員会事務局長を経て2018年定年退職。
2019年テアトルアカデミーに所属し、俳優として活動を開始する。

出演作品
- 2022年オンライン舞台「きっと、世界はつながっている」
  舞台「消えたベテルギウスを探せ」
- 2023年オンライン舞台「春になれば彼女は」

2015年から「ビートルズを誰にでも分かりやすく解説するブログ」
を開設中。

あなたの知《し》らないビートルズ

2023年3月20日　第1刷発行

著　者　　和田晋司
発行人　　久保田貴幸

発行元　　株式会社 幻冬舎メディアコンサルティング
〒151-0051　東京都渋谷区千駄ヶ谷4-9-7
電話　03-5411-6440（編集）

発売元　　株式会社 幻冬舎
〒151-0051　東京都渋谷区千駄ヶ谷4-9-7
電話　03-5411-6222（営業）

印刷・製本　中央精版印刷株式会社
装　丁　　喜納そら

検印廃止

Printed in Japan
ISBN 978-4-344-94443-5 C0095
幻冬舎メディアコンサルティングHP
https://www.gentosha-mc.com/